誰にでもわかる

憲法のお話

どのように日本国憲法は生まれたのか?

雨倉敏広

誰にでもわかる憲法のお話

まえがき

「立憲主義」

初っぱなから、こんな四字熟語の専門用語が出てきたら、普通の人は頭が痛くなります。でも、憲法の教科書では、これが初っぱなから出てきます。

「立憲主義とは、国家権力を制限して人権を保障することである」。どう、すごいでしょ、という感じです。

でも、こんな専門用語のオン・パレードをいくら眺めても、私たち普通の人には何も見えてきません。

それもそのはずです。憲法の教科書は、裁判に携わる法律専門家など、実務家を養成するための実務教材だからです。

実務に必要なことだけが専門用語で書かれたもので、私たち普通の人向けに書かれたものではないのです。

憲法は、空気のように私たちの日々の生活を守ってくれています。憲法があるおかげで、私たちは安心して暮らせています。

それなのに、その肝心の憲法の本来の姿を、私たちはちゃんと教えてもらっていないのです。

かく言う私も、中学、高校、おまけに大学まで行って憲法を学びましたが、結局何も分かりませんでした。

寅さんではないですが、奮闘努力も空しく時が流れた後、一念発起、大学院に入って学問の憲法を学び直しました。

憲法の教科書では実務に不要として捨てられ、忘れ去られた知の財産を、原点に返って一つ一つ拾い集めるうち、ようやく、本来の憲法の姿が見えてきました。

幅広い観点で憲法の姿を知ることは、より実りある憲法改正論議にも役立つと思います。

そんなわけで、ここではそのほんの一部に過ぎず、また、網羅的とも言えませんが、この知の歴史遺産を著してみることとしました。

歴史の語り部の一人として、先達が積み上げてきた貴重な共有財産を少しでも次代に引き継いでいければと願っています。

この書の読み方ですが、第一話の後はどこでも興味のあるところから読み進めてください。

なお、内容については東洋大学名誉教授加藤秀治郎先生（政治学）と東洋大学法学部非常勤講師荒邦啓介先生（憲法史）にいろいろ助言いただきました。そのおかげで良いものになったのではないかと思います。

また、さらに東洋出版の秋元麻希編集長をはじめ、スタッフの方々の編集・校閲を経て一層読みやすくなり、かつ、内容により正確さを期することができました。ここに併せて感謝申し上げます。

誰にでもわかる
憲法のお話

もくじ

第六話　統治制度

第一話

日本国憲法の成り立ち

連合国軍の日本占領

昭和十六（一九四一）年十二月八日、日本は米英と戦争を始めました。しかし、米国の圧倒的な軍事力に負け、遂に昭和二十（一九四五）年八月十四日、米英など連合国が示したポツダム宣言を受け入れ、降伏しました。

ポツダム宣言は日本政府に対し、民主主義の復活強化、自由の確立、平和の回復と維持などを求めました。

それまでの日本は大日本帝国憲法（明治憲法）の下で、天皇が統治する国とされていました。日本政府は、半ば一方的に、宣言が天皇統治という大原則まで変えるものではないものとして、この宣言を受け入れました。

ポツダム宣言によって連合国軍が日本を一時的に占領することとなり、総司令部が日本（東京）に置かれました。もっとも、連合国軍（占領軍）といっても実質的に米軍で、その最高司令官はダグラス・マッカーサー元帥です。

憲法改正へのマッカーサーの思惑

米国は、日本が戦争をしてしまった重大な原因を、端的に言うと、こう見ていました。それは、軍部やその取巻き（政治家や革新官僚など）が天皇の権威や権限を利用し、民主的な政治をさせないようにして、国民を彼らの思いどおりに動かして戦争をした、というものでした。

二度と天皇を彼らに利用させず、国民に民主政治を取り戻させるために、どうしたらよいか？　米国が考えたのは、天皇を政治的に無力な存在にすることでした。

それには、いっそのこと天皇制度そのものをなくすのが一番早いやり方でしたが、米国は、このやり方には慎重でした。

なぜかというと、日本政府はもちろん、日本国民の大多数も天皇制度の廃止を望んでいないのが明らかだったからです。

特にマッカーサーは、日本を混乱なく終戦に導いた天皇の役割を高く評価していました。日本が米国の予想よりも早く戦争をやめ、その結果、一発の銃声もなく日本軍が武装を解き、占領軍が平穏に進駐できているのも、昭和天皇が身の危険も顧みず、軍部の抵抗を押し切って全国民に直接終戦を呼びかけたからだと理解していたのです。

そのためマッカーサーは、天皇を戦犯として処罰しろという国際的圧力にも抵抗しました。

このような天皇の役割を考えると、天皇制度を残したままで政治的に無力にするやり方が好ましいことになります。

でも、そうするためには天皇を統治権者（主権者）とする憲法のままでは無理がありました。そこでマッカーサーは日本政府に対し、憲法改正を示唆しました。

マッカーサー司令部の焦り

マッカーサーからの指示で最初に憲法改正を引き受けた東久邇宮《ひがしくにのみや》内閣の近衛文麿(1)公爵は、改正に熱心でした。でも、途中で近衛公は司令部に切り捨てられてしまいました。

裏で進行中だった、同公の戦犯指名問題が原因の一つと噂されています。

改めて憲法改正を担当したのは、後任の幣原喜重郎《しではらきじゅうろう》内閣でした。しかし、彼らはやり方が慎重過ぎて、なかなか成案を出そうとしません。むなしく時は過ぎ、やがて昭和二十一（一九四六）年を迎えました。司令部は焦り始めます。

というのは、前年の十二月二十七日、ソ連（現ロシア）、中国（旧中華民国）、英国などの連合国が加わった極東委員会が設けられ、二月二十六日から動き始めることとなっていたからです。委員会が動き出せば、マッカーサーの権限に大きな制約が加えられてしまいます。

連合国の中には、天皇制度の廃止を主張する国もありました。もし、そんな主張が通ったら、それこそ日本国内は大混乱・内戦状態となるでしょう。そうなれば、天皇のおかげでせっかくうまくいっている米国の日本占領の筋書きも狂ってしまいます。

『毎日』スクープの余波

そんな最中の二月一日、日本政府が検討中の憲法改正試案なるもの――日本政府の責任者だった松本烝治《じょうじ》の名前に由来する通称「松本案」――が毎日新聞にスクープされました。司令部は、その中味に失望します。

その改正試案の中味は、肝心の天皇の統治権には手を触れない、明治憲法とほとんど同じ期待はずれのものだったからです。

これでは、連合国の間にくすぶる天皇制度廃止論どころか、天皇を戦犯で裁け、という圧力すら抑えきれなくなります。そうなれば日本国内は大混乱となり、司令部が進める占領政策もお手上げになってしまいます。

マッカーサーは遂に、自ら憲法草案を作って日本政府に示すことを決め、その作成を総司令部民政局に指示します。

マッカーサー・ノート

草案の作成は、司令部内でも極秘で進められました。

マッカーサーは、民政局内の草案作成スタッフに短い指示を出していました。いわゆる「マッカーサー・ノート」です。天皇制度と戦争放棄、その他の項目が書かれたものでした。

さらに、作成期日についても指示が出されました。二月四日の月曜日に伝えられたその指示は、原案を今週中に作れというものでした。これにはスタッフ一同、腰を抜かさんばかりに驚きました。

そしてその指示に沿って作業が進められ、九日足らずで草案は完成し、二月十三日、英文で日本政府に手渡されました。

ではどうして、彼らはこんな短期日で草案を作り上げることができたのでしょうか？

パクリ疑惑

彼らスタッフへの直接の指針となるものは、マッカーサー・ノートと日本の統治体制改革指針を示したスウィンク228やできたばかりの国連憲章といった程度のものでした。

このスウィンクとは、米国政府内に設けられた国務・陸・海三省調整委員会を略した名称です。そして228とは、一九四六年一月七日に委員会で採択された二二八号文書のことで、同月十一日に米本国からマッカーサーに送られていました。

彼らは、限られた状況の中で可能な限りかき集めた関連資料も読みまくりました。その中には松本案の他、民間で発表された憲法案や政党の発表した憲法案も含まれていました。

彼らから見て、松本案はお話になりませんでしたが、その他の憲法案も、どれも今一のものだったようです。

ただその中で一つ、惜しい、あと一歩と思われる案がありました。それは、前年の十二月二十六日に民間人有志が発表した「憲法研究会案」でした。

スタッフの一人だったチャールズ・ケーディス陸軍大佐は、この憲法研究会案について、こう言っているそうです。「これがなかったら、こんな短期日に草案を作るなど不可能だった」と。

九日足らずでできたのは憲法研究会案のおかげだった。だとしたら、日本国憲法は純米国製ではなく、ベースは国産だったと言ってよいのかもしれません。

善意の押しつけ

それはともかく、司令部草案の中味は日本政府にとっては衝撃的でした。天皇主権を変えるなど夢にも思わなかった彼らの目に飛び込んできたのは、天皇を「象徴」とするものだったからです。

日本政府は、撤回を求めて司令部に詰め寄ります。でも、司令部側は、象徴天皇制度と戦争放棄の二つは、この草案の核心だとして譲りません。

この二つがなかったら、マッカーサー元帥といえども天皇を国際的圧力から守りきれないぞとか、これは日本のためだ、草案の受け入れを強制はしないが、もしどうしてもいやだというのなら、こっちで直接日本国民に発表するぞとか、司令部は日本政府を脅したりすかしたりして説得します。

司令部側も、極東委員会が本格的に動き始めてマッカーサーに圧力をかけてくる前に、何としても憲法改正の主導権をとろうと焦っていたのです。

天皇制度がなくなるとか、天皇が戦犯で裁かれるなどと言われ、日本政府はようやく、泣く泣く司令部の草案を受け入れます。

予想外の日米合同検討会議

日本案の作成作業は二月二十六日から始まりました。日本側でもこの作業は極秘でなければなりませんでした。

松本烝治国務大臣からの密命で作業を受け持ったのは、当時、内閣法制局第一部長だった佐藤達夫でした。司令部草案の中味は変えず、異国っぽい体裁をなんとか日本の憲法らしく整えるのが、佐藤の役目でした。

彼は、総理官邸の一室に缶詰状態で日本案の作成に鉛筆を走らせました。天皇と戦争放棄、それから国会の章については、松本がモデル案を作りました。司令部への提出は当初、翌三月十一日メドの方針でした。

ところが司令部は、日本案を早く出せとせっつきます。それで急きょ日本側は、三月四日（月曜日）午前十時、司令部に日本案（三月二日案）を日本文のままで提出しました。司令部へは、佐藤も松本に同行しました。ただ佐藤にとって、この日本案は未定稿に過ぎず、これからじっくり内容をつめる必要があるものでした。

司令部での英文への翻訳作業など慌ただしく時が経つうちに夕方になりました。すると突然、今晩中に確定案を作るという申出が司令部側から出されました。

それから民政局スタッフと佐藤たち日本側とで、合同の検討会議が夜を徹して行われることになりました。百条を超える条文を一条ずつ検討していくのですから、当然時間がかかります。完全に徹夜です。

実は佐藤は、その日の朝、官邸の玄関先で松本から翻訳を手伝えと言われ、仕方なくついて来ただけで、資料も何も持っていませんでした。ですから、突然いきなり確定案を作るなどという話は佐藤にとってまったくの予想外、寝耳に水でした。彼は、自分が書いた日本案すら持っていなかったのです。

しかも松本はその日の昼、司令部で大喧嘩をして帰ってしまっていました。突然の検討会議の話に慌てて自宅に迎えに行ったのですが、松本は不機嫌で、病気と疲労を理由に出席拒否されてしまいました。そのため検討会議は責任者不在のまま、佐藤や白洲次郎など数人の日本側スタッフだけで臨むことになりました。官邸との連絡には、内閣官房の書記官が徹夜で当たってくれました。

戦利品のゼリー菓子

検討会議の様子は、司令部の草案がいかにも急ごしらえだと佐藤たちにも察せられるものでした。司令部側は憲法の基本的なところについては決して譲りませんでした。でも、その他のところでは、変な規定だから変えてほしいとこちらから申し出ると、あっさりオーケーしたり、ときには日本側そっちのけで向こうの連中同士で議論を始めたり、こちらの疑問に答えられなかったり、挙げ句のはては「一緒に考えようぜ」という調子でした。

ただ、司令部にはコーヒーや牛乳、砂糖がふんだんに用意されていて、おかげで佐藤たちはへばらずにすみました。

すべて終って、やっと佐藤たちが解放されたのは、翌五日の夕方午後四時頃でした。

こうして、日曜日を除くと、わずか七日で憲法（三月五日案）は作り上げられました。

ホイットニーとかいう司令部のオエライさんは、憲法案が無事に仕上がったことに大いに喜び、佐藤たちに握手を求め、手を堅く握りしめながら何度も礼を言いました。

その様子は、佐藤たちが一瞬、「俺たちは一体どこの国の憲法を手伝ったんだ？」と錯覚しそうなほどでした。

司令部側でも、極東委員会の動きを横目に、今か今かとやきもきしていたのです。

佐藤は子どもの土産にと、食事の際に少々くすねたゼリー菓子をポケットに入れ、司令部を後にしました。

でも、官邸への帰り道、佐藤の足どりは重かったといいます。準備も時間も全然なく、先方との論議もほとんど尽くせず、不本意な仕事だったと佐藤は語っています。

白洲のほうは、「今に見ていろ」とひそかに涙したということです。

日米合作憲法改正芝居

この三月五日案は、翌六日、憲法改正草案要綱として日本政府から発表されました。マッカーサーも、「私の全面的承認の下に」日本政府が画期的な憲法草案を発表したのは誠に喜ばしい、などという白々しいコメントを出しました。

政府の発表した憲法改正草案要綱は、マスコミや世論からおおむね好感をもって迎え入れられ、法案化されることとなりました。

四月十日、衆議院総選挙が行われ、戦時色から装いを新たにした帝国議会（現在の国会）で憲法改正案の審議がなされることとなりました。

六月二十日に開会した議会での審議を通じ、政府は終始一貫して、この憲法改正案は司令部と相談しながら日本政府が自主的に作ったものだと、とぼけ通しました。

極東委員会の横槍から天皇制度と昭和天皇を守るために、この改正案が実は司令部の手によるものだとは、表立っては口が避けても言ってはなりませんでした。

審議に携わる議員たちの本音も、このような憲法は「本当は初めからお断りしたいところだが、そうもいかない」といったところでした。

貴族院の小委員会で、公式速記録をとらないところでは、宮沢俊義委員のように、「憲法全体が自発的でなく、指令されてやっている事実は、やがて明らかになる」などと、あからさまに本音が飛び交いました。

でも、彼らもまた、表では、政府に合わせて真相を隠さざるを得ませんでした。

この日本側の態度は、占領政策をスムーズに進めたい司令部側の思惑とも一致していました。帝国議会は、さしずめ日米合作憲法改正芝居の大舞台でした。

もちろん、極東委員会のメンバーたちも、この憲法がマッカーサー「最高司令官の作品」だと気づいていました。でもマッカーサーの豪腕で、結局彼らはねじ伏せられてしまいました。日本がポツダム宣言を守って自主的に憲法改正するのに文句をつける筋合はないという正論（？）を押し通すマッカーサーに、極東委員会も結局逆らえませんでした。

マッカーサーに、してやられたとは思っても、彼らは、苦々しく事の推移を監視するしかなかったのです。

議会でのいくつかの修正審議を経て可決された新しい憲法は、十一月三日に公布され、翌昭和二十二（一九四七）年五月三日から施行されました。これが現行の日本国憲法です。

疑問符付きの民意

これまでお話してきたことから明らかなように、日本国憲法は急ごしらえのものでした。言ってみれば、極東委員会など国際的圧力から日本が被るだろう大きな被害——天皇制度廃止・天皇戦犯、そのことが引き起こすだろう国内の大混乱・内乱——を避けるための憲法だった。

当時総司令部の情報将校だったセオドア・マクネリー先生に言わせれば「避雷針」の憲法でした。

その意味では、内容が十分吟味されたとは必ずしも言えないところがあります。

それはともかくとして、もう一つ触れておきたいことがあります。実は、憲法の内容とは別に、その改正手続に大きな問題がありました。それは、検閲の問題です。

司令部は占領中、言論に対して検閲をしており、国民の言論は自由ではありませんでした。この事実は、江藤淳先生によって一般にも広く知られるようになりました。

昭和二十一（一九四六）年四月十日の帝国議会衆議院総選挙は、憲法改正の信任投票

の意味も持っていたのですが、改正の裏舞台が公に国民に知らされることはありませんでした。いわば国民は、政府からウソをつかれたままで投票したのです。やむを得なかったとはいえ、これでは民主的選挙とは言えません。

極東委員会内では、この憲法が本当に日本国民の自由な意思に基づくものかどうかを疑う声がありました。そこで委員会は、憲法について国民投票を含めた再検討の機会を設けるよう求めました。でも、その要求を日本政府は無視しました。

その後、時は流れましたが、極東委員会が問いかけた問題は、まだけじめがつかないままの状態です。手続とはいえ、内容にまでも影響を及ぼしかねなかったこのような重大な瑕疵（欠陥）が、時の経過で消えてなくなるような軽い問題かどうかが、問われています。

第二話

民主主義

一　国民主権主義

空想の革命

日本国憲法は、その前文で民主主義と国民主権主義について述べています。ちなみに初めの頃は、国民主権のことを主権在民と言っていました。

学校の公民教科書などでは、国民主権とは国民が主権者として政治を行うことであり、民主政治と同じ意味だと書いてあると思います。

ドイツ語でも、民主主義（民主制）とは「国民の支配」や「国民主権」を意味するそうです。

とするならばなぜ、憲法は意味の同じものをわざわざ二重に定めているのでしょうか？

実は、国民主権主義には特別の意味があるのです。国民主権主義は、君主を支配者とする君主主権主義を否定する、革命イデオロギーの役目を持っています。ですから、憲法の国民主権主義には、明治憲法の天皇主権を否定する意味が込められているのです。いわば日本版フランス革命の思想です。

ちなみに憲法学者の宮沢俊義先生は、「八月革命」で天皇から国民に主権が移ったと説明しました。日本がポツダム宣言を受け入れた八月に革命が起こったとしたのです。

もちろん実際に革命の事実などはなく、宮沢先生の頭の中で起きた学説の革命だったのですが。

それはさておき、どうしてこのような国民主権主義を憲法に掲げることになったのか、そのいきさつを詳しくお話しましょう。

松本案への引導

前にお話したように、戦後、日本に進駐した連合国軍総司令部は、日本政府に憲法の改正を促しました。彼らの主な関心の一つは、ポツダム宣言で定めた日本の民主主義の復活強化でした。

戦前の日本でも、国民の代表である議会（衆議院）における政党の党首が内閣を作る政党内閣制が一時行われていました。でも、明治憲法には政党内閣制を認める明文がありませんでした。国民が代表を通して政府を作る民主主義が、不安定な憲法解釈に委ねられていたのです。

日本が軍部の力を抑えきれず、無謀な戦争に突入することになった原因の一つがここにあると、司令部は思っていました。そのため、日本政府が憲法に、民主主義の手続をしっかりと定めることを期待しました。

ところが、日本政府の憲法改正試案（松本案）は、司令部の期待を見事に裏切りました。松本案も一応は、議会に責任を負う政党内閣制（議院内閣制）を定めていました。でも、国民代表たる議会によって総理大臣が選ばれるという一番重要な定めを置きませんでした。松本案は、政府（内閣）とは司令部の期待する「国民の」政府というよりも、「天皇の」政府だという、一種のこだわりにとらわれていました。

そのこだわりは、天皇主権の考えから出てくるものでした。でも、この天皇主権こそが、軍部勢力に利用され、日本に民主主義を失わせた元凶と、司令部は考えていました。ですから、どうしても日本政府に天皇主権を諦めさせる必要があったのです。

司令部は、日本に代わって自ら作ることとなった憲法草案に、国民の代表である国会が内閣総理大臣を選ぶという議院内閣制を明文化し、民主主義を明らかにしました。

そして、天皇を政治から距離を置く「象徴」とし、さらに、国の主権者を国民とする国民主権主義も定めました。天皇主権をはっきりと否定したのです。

幣原の抵抗と挫折

司令部草案を受け取った日本政府はとても驚き、戸惑いました。議院内閣制は、元々政府の側でも検討していたものですから、一応想定内のことでした。

でも、象徴天皇とセットの国民主権は青天のへきれきでした。天皇主権を日本固有の国体と考える日本政府にとって、国民が主権を天皇から奪うのは、まさに国体――日本の国を日本たらしめているもの――の変更を意味するものだったからです。

しかし日本政府は、司令部側に譲歩する意志のないことを悟り、司令部草案を受け入れました。ただし、司令部草案の、天皇の象徴たる地位は「人民の主権意思」より受けるという文言を、日本案にするとき、「日本国民至高の総意」に基づく、と直しました。

これは幣原喜重郎首相の発案でした。司令部草案の英語（ソブレンチー sovereignty）を「至高」と訳すことで、「主権」という言葉を避けたのです。

この訳は英文の意味からは少し無理がありました。司令部から言わせれば、「至高」は「ソブレンチー」よりも、むしろ「スプレマシー supremacy」で、違う言葉だろうというわけです。でも司令部は、佐藤達夫たち日本側担当者との完全徹夜合同検討会議でも、この語句を無理には直しませんでした。司令部のほうでは当初、この箇所を訳文上の「技術的」な問題として処理しようと考えていたようです。

日本国内には天皇主権の変更に強い抵抗があり、政府が説得に苦労するだろうデリケートな問題だという事情も考慮されたのだと思います。

ところが問題は極東委員会です。彼らが、国民主権をはっきりさせろとクレームをつけてくるのは確実でした。極東委員会がヘソを曲げたら、天皇制度廃止や昭和天皇戦犯などという寝た子を起こすことになりかねません。そうなったら日本国内は大混乱、占領政策はおじゃんです。天皇を守ろうとする日本側も、何のためにこの憲法案を受け入れたのか分からなくなります。

俺たちは一つのチームだ、考え方に違いがないとも思っている。しかし、日本に悪意を持つ勢力にケチをつけられないようにして、天皇制度廃止や天皇戦犯の圧力をかわすには、国民主権を憲法にはっきり書くしかない。そうでないとマッカーサー元帥も天皇を守りきれなくなる、日本のためだ、などと司令部は日本政府に強く申し入れてきました。

日米の利害は共通でした。日本政府は、この申し入れを受け入れ、憲法改正案の「日本国民の至高の総意」を、英原文の意味どおりに「主権の存する日本国民の総意」と直しました。これが現在の日本国憲法です。

「君主制」か「共和制」か

君主を置きながら国民主権主義を憲法で定める例は日本だけでなく、外国にもあります。ベルギーがその例です。こういう場合、いったい君主制国家なのか、それともフランスと同じ共和制国家なのかが問題となります。

国家法学者だった美濃部達吉先生は日本国憲法について、こう説明しました。

民主主義が発達し、君主の権能が形式的・名目的になるにつれ、君主制かどうかは、君主が最高統治者か否かから、世襲か否か（大統領のような公選ではなく）に重点が移るようになってきた。

したがって、憲法で国民主権を明らかにしつつ皇位を世襲とする日本国は、君主制国家といって差し支えない。

「君主国」で「民主国」

ちなみに日本で、天皇に代わり武家が統一政権を担って以来、自分が日本国の王だと堂々と名乗ったのは、公式の歴史史料上は室町幕府の三代将軍足利義満ぐらいだそうです。

国民主権主義とは、国民が君主に向かい、この国の王はお前ではない、私たちだと宣言することです。

とすると、国民主権主義を明言する日本国憲法は、義満以来の例外の歴史に入ることになります。

そうなると、「国民主権」という言葉を避け、「国民至高」とした元外交官幣原の日本語訳は、まさに達意の名訳だったと言えるかもしれません。

それはさておき、戦後民主主義論は国民主権（国民の支配）理論を「時代遅れ」としています。

というのは、国民が現実に支配する国など、どこにもないからです。どこの国でも支配するのは政府です。ですから、大統領制と議院内閣制のいずれにせよ、要は政府を国民自身が選べるかどうかが重要です。

経済学者ヨーゼフ・シュンペーター先生流に言えば、国民が実際に支配するのではなく、自分たちのリーダーを選ぶのが民主制なのです。

ですから、政府を国民の手で選べる制度が確立している国は君主がいようといまいと民主制国家、その制度が確立していない国は独裁（ないし専制）国家です。

つまり、君主制か共和制かの区別はもう古い。民主制かそれとも独裁かの区別が重要だということです。

とすれば、政府を国民の手で選べる制度が憲法で確立している日本は、英国などと同

じ君主国で民主国です。そのうえわざわざ国民主権を掲げる必要はないことになります。(2)

二　民主主義（民主制）の話

民主主義のイメージ

戦後民主主義論の話が出たので、少し補足としてお話したいと思います。

皆さんは民主主義と聞いて、どんなイメージを思い浮かべるのでしょうか？　米国のリンカーン大統領の「人民の、人民による、人民のための政治」という有名な演説を思い出して、民主主義ってすばらしい！　と思うのでしょうか？

もしそうだとしたら、そのような先入観はここで捨てましょう。

英国の政治家ウィンストン・チャーチルは、こう言っていたそうです。「民主主義は最悪の制度だ」と。

ちなみに、民主主義の元の英語は「デモクラシー」ですが、この言葉を民主主義と訳すか、民主制と訳すかは悩ましい問題です。

ここでは、主義といった思想ではなく、制度について語るつもりなので、原則として民主制と呼ぶこととします。

さて、チャーチルの言うように「民主主義（民主制）は最悪の制度だ」としても、それでもなぜ、私たちは民主制を政治制度に採用しているのでしょうか？　そのヒントが、第二次世界大戦前後の欧州にあります。

議会制への不信

君主専制への対抗手段として生まれた議会制（代表民主制）は、専制からの解放が徹底し、普通選挙制の実現など民主化が進むにつれ、皮肉にもその議会制自体への不信感を国民の間に芽生えさせることになりました。議会は果たして自分たち国民の意志を表しているのか、という不信感です。

その不信感を生じさせる原因の一つが、国民代表たる議員の持つ「自由委任の法理」でした。

つまり、議員は国民（有権者）から何ら拘束的な指令を受けず、議会は国民（有権者）から法的に独立している。ざっくり言えば、投票してくれた有権者の意志に縛られることなく、議員は議員個人の政治的信念で政治決定に関われる、というものです。

もちろん、この法理は、民主制の進展から生じた過激な大衆的政治運動を議会に直接反映させるのを防いで、議会が社会全体の観点から合理的な政治決定を行うために有益な働きをしました。

しかしそのためにまた、この国民代表という擬制（フィクション）が、嘘隠しとの不信感を国民に与えることになりました。

法・政治哲学者ハンス・ケルゼン先生が、その著書『民主主義の本質と価値』で比例代表制（選挙制度）の長所を強調したのは、一つにはこのためでした（長尾龍一先生・植田俊太郎先生共訳『民主主義の本質と価値』〔岩波文庫、二〇一五年〕を参照してみてください）。

比例代表制と独裁への道

ケルゼン先生によれば、比例代表制とはこうです。

有権者は議員（候補者）個人にではなく、自分の支持する政策を掲げる政党に投票する。支持を受けた政党は、その政策を忠実に実行する所属議員（名簿記載の候補者）を議会に送る。

もちろんその議員は、先の「自由委任の法理」により、議員自身の政治的信念に従って行動できる。しかしもし、その議員が自己の信念に従って所属政党から離党したり、その政党の政策に反した行動をして除名されたりすれば、その議員は直ちに議席を失う。

政党は、投票した有権者が支持してくれた自らの政策を忠実に実行する別の所属議員（名簿記載の候補者）を新たにその議席に送り込む。

こうすることで、有権者は間接的でも、政党を介して議員をコントロールできることになる。こうして国民（有権者）の民意をあたかも鏡のように議会に反映する比例代表制の特性が発揮できる。

そして議会は、多くの政党がそれぞれ集約した多様な民意を調整する場（妥協の場）となる。

議会制への国民の不信感を解くには、ケルゼン先生の主張する比例代表制は最適の制度のように思えます。ワイマール体制下のドイツは、この制度でした。
しかし、ドイツ国民の最終的民意は暴力的なナチス独裁政権でした。比例代表制は少数政党が出やすい制度でしたから、当時新興勢力のナチスにとっては大変好都合だったのです。
この政権は遂に、第二次世界大戦の戦勝国の力で排除するしかありませんでした。

戦後民主制

第二次世界大戦後、独裁への反省が生まれました。哲学者カール・ポパー先生は、民主制を定義し直しました。それは、こうです。

政治制度は二つしかない。民主制か独裁（ないし専制）かである。民主制と独裁との違いは、こうだ。

民主制とは、流血なしに、つまり暴力なしに、国民（有権者）の選挙で政府を作り、または交代させることのできる制度だ。これに対し、流血なしに、投票で、政府（政権）を交代させる可能性のないのが独裁（や専制）である。

要するに、流血なしの政権交代、これが民主制だというわけです。

ここから先生は、二大政党を可能にする選挙制度を提唱します。具体的には一つの選挙区から一人の議員を選ぶ小選挙区制ということになります。

二大政党なら、有権者が政府与党に見切りをつければ、即座に政権から追放できます。もちろん、有権者の選択が正しいとは限りません。むしろしばしば良くない選択をしてしまうこともあります。

でも、失敗したと思ったら、次の選挙で改めることができます。そのときには、政権から追放された旧与党も失敗の原因を分析して改め、政権奪還に向けてもう少しましな政党になってくれているでしょう。でなければ、消え去るだけだからです。

多党制を可能にする比例代表制だとなかなかこうはいきません。有権者がノーを突きつけた政権党は、他の少数党をとっかえひっかえしながら連立を組み替えて、いつまでも政権にしがみつくでしょう。

するといつまで経っても政権交代ができず、有権者（国民）の望まない政権が続きます。これでは独裁のときと事実上変わりありません。ですから、政権交代しやすい二大政党制のほうが良いとされるのです。

このように民主制も必ずしも最善の制度ではないものの、少なくとも政権交代に国民が命のやり取りを覚悟しなければならない独裁よりは、はるかにましな制度として考えられるようになっています。先のチャーチルの言葉には続きがありました。「民主制は最悪の制度だ。他のあらゆる政治制度を除いての話だが」と。

しかしながら、かつて独裁も他ならぬ民主制の手続きから生まれました。ですから私たちは、このような民主制の自己否定を二度と許してはならないのです。

なお、カール・ポパー先生の理論については、統帥権研究の第一人者である憲法学者荒邦啓介先生と私で共訳した「民主制の理論について」（加藤秀治郎先生他編『政治社会学』第五版、一藝社、二〇一三年所収）と「民主制について――『開かれた社会とその敵』の再検討」（加藤秀治郎先生他編『議会政治』第三版、慈学社出版、二〇一五年所収）を参照するとよいと思います。

「闘争型」と「統合型」

もっとも、戦後民主制には別の見方もあります。二大政党制で多数決によって勝敗を決する「闘争型」民主制に対し、社会に存在する多様な利害の合意形成を重視する、「統合型」民主制の考え方です。

そして、合意形成を重んじるこの考え方からは、再び多党制・比例代表制が妥当とされることになるでしょう。

しかし一方で、反独裁という意味で政権交代は民主制の根幹です。でも他方で、政治はなるべく多くの人にとって「善」でなければならないとも言えます。この両者に果たして折り合いはつけられないものでしょうか?

この観点から、国会の両院制について、次のような主張をする人がいます。

衆議院は小選挙区制で二大政党制による政権交代型選挙、参議院は比例代表制で多党制による合意形成型選挙をそれぞれ採用する。ただし、参議院の権能を弱めて衆議院の優越性(主導性)を高める。その代わり、衆議院は参議院の意志を十分尊重する。

この主張は要するに、衆議院を「闘争型」、参議院を「統合型」とし、政権交代という民主制の根幹を維持しつつ、多様な利害の調整を補充的に加味するものと言えます。もし、両者の折り合いをつけるなら、この主張も一案かもしれません。ただし、衆議院と比べて参議院の権能を弱めるには、憲法改正が必要です。

いずれにしても、終戦後に生まれた日本国憲法は、基本的に戦後の新しい民主制論の下で運用されるようになっています。

有権者と国民

念のためですが、選挙で投票できる（選挙権を持つ）人、つまり有権者は、日本国民に限られます。日本国民とは、日本国籍を持つ人のことです。日本国籍を持たない人、つまり外国人は含まれません。

人権は西洋諸国共通のものなので、特に不都合がない限りおおむね外国人にも認められるものですが、選挙に関する権利は別です。独立国家が外国の支配や干渉を受けるのを避けるためです。

もっとも、住民に身近な仕事をする市町村などの地方自治体については、日本に定住する外国人に選挙権を政策的に認めてもよいと考えられています。でも、これも実際上はなかなか難しいようです。

国の一地域に本国と示し合わせた外国人が結集して多数派を作ってその地方を牛耳り、やがて分離・独立を宣言して領土を乗っ取るという侵略の常套手段が懸念されるからです。

それから念のためもう一つ、「国民主権」をうたう以上、選挙権は全国民が持つべきもののはずですが、実際は違います。選挙権を持つ人、つまり有権者は国民の一部です。

確かに今は、資産の有無や男女の別に関わりなく選挙権を持つ普通選挙制度なので、国民の多数は有権者です。でも、全員ではありません。

例えば年齢制限があります。これは後にお話する選挙の平等の問題ですが、徹底的平等を唱える人でも、この制限（差別）だけは認めます。生まれたての赤子に選挙させろと言う人は、さすがにいないからです。

ただし、年齢制限の上限が二十歳か十八歳かというような点は議論になります。

このように国民全員を有権者にできない事情はありますが、「国民主権」の建前を掲げる以上、できるだけ有権者を国民全員とみなすように扱われます。例えば、これも後にお話する「投票価値の平等」の計算で有権者比ではなく人口比を用いるのも、その一つです。

第三話 天皇制度

一 象徴天皇制度の成り立ち

象徴天皇制度の狙い

日本国憲法は象徴天皇制度を置いています。象徴天皇制度は、司令部草案で定められ、それを日本側が受け入れてでき上がったものです。

この制度についての憲法学の一般的な考えは次のようなものでしょう。国民主権が定められた今、本当は天皇制度を廃止しても良かったのだが、事情があって形だけ残した。いわば盲腸のようなものだ。

さて、果たしてそうなのかどうかですが、象徴天皇制度を定めた司令部の狙いは、こうでした。

それは、前にもお話したように、明治憲法で定められていた政治権力を天皇から取り上げることで、戦前のような、軍部勢力による天皇の政治的利用が二度とされないようにするためでした。

こう見ると、象徴天皇制度は純粋な米国製のように見えます。でも、その成り立ちを見ると、必ずしもそうではないようです。そのいきさつを見てみましょう。

マッカーサーの書簡

昭和二十一（一九四六）年一月二十五日、マッカーサー元帥は、米本国政府に一通の書簡を送りました。日本の戦争責任を裁く極東国際軍事裁判所の設置が決まった直後のことです。そしてまた、日本政府の検討する憲法改正試案（松本案）の中味が毎日新聞にスクープされる直前のことでした。

その書簡の中味は、昭和天皇を戦犯として軍事法廷に引っ張り出すことに反対するものでした。その要旨はこうです。

天皇の戦争犯罪を証明する証拠は見出せなかった。また、もしも天皇を戦犯としたら、日本国内は大混乱となり、少なくみても百万の軍隊を追加投入しなくてはならず、占領計画は大幅に見直さなくてはならなくなる。そのようなことは、政治的にも得策ではない。

そのように考える根拠としてマッカーサーが挙げたのは、次のようなものでした。

天皇は「国の社会的首長（ザ・ソーシャル・ヘッド・オブ・ザ・ステート the social head of the state）」であり、「全日本人を統合する象徴（ア・シンボル・ホイッチ・ユナイツ・オール・ジャパニーズ a symbol which unites all Japanese）」であって、日本人は皆、天皇を敬愛している。だから、もしも天皇を取り除いたら、日本の秩序は崩壊してしまう。

新渡戸稲造の影

象徴天皇のアイデアをマッカーサーに直接進言したのは、当時マッカーサーの側近だったボナ・フェラーズ陸軍准将と言われます。フェラーズは知日派で、ラフカディオ・ハーン（小泉八雲）の研究者でもありました。

また、河井道《かわいみち》とも交友関係にありました。河井は、東京都の世田谷区にある恵泉女学園の創立者で、あの有名な『武士道』を英文で出した新渡戸稲造の教え子でもありました。

新渡戸は、亡くなる二年前の昭和六（一九三一）年、『日本――その問題と発展の諸局面』という書を英文で出版しました。彼はその中で、天皇を「国民統合の象徴である」としています。

占領軍でのフェラーズの重要任務は、天皇を戦犯指名から救うことでした。彼は、その調査に走り回る中で、河井にも意見を聴きました。

作家の岡本嗣郎さんは、『陛下をお救いなさいまし　河井道とボナー・フェラーズ』の中で、このあたりのいきさつも交えながら、フェラーズが新渡戸の「思想の子」であり、「天皇を同じ目の位置でとらえていた」河井を通して象徴天皇を示唆されたと推測しています。象徴天皇の由来については様々に推測されていますが、私は、岡本さんの推測が当たっているように思います。

なお、岡本さんの書は二〇一三年、『終戦のエンペラー　陛下をお救いなさいまし』というタイトルで、集英社で文庫化されています。

フェラーズは調査の後、昭和二十（一九四五）年十月二日、「生ける象徴」である天皇を戦犯とすべきでないとする内容の覚書をマッカーサーに提出しました。覚書の作成にも、河井が深く関わっていたとのことです。

マッカーサー側近のチャールズ・ウィロビー陸軍少将によれば、マッカーサーは、この覚書を机の引出しから時々取り出して読みかえしながら、物思いにふけっていたといいます。そして、この覚書が、先の米本国政府宛のマッカーサー書簡の基になりました。

マッカーサー自身、国民に終戦を呼びかけた天皇のラジオ放送によって日本人が抵抗をやめ、その結果平穏に占領政策を進められている現実を目の当たりにしていました。ですから、象徴天皇のアイデアは、余計に、彼の心に深くしみこんだのだと思います。

英国型君主への道

昭和二十一（一九四六）年二月一日の毎日新聞スクープ直後、急きょ開始された司令部民政局内での憲法草案作りで、天皇の箇所を任されたのは、日本生まれのリチャード・プール海軍少尉でした。

作成に当たってマッカーサーは、スタッフに対し天皇制度に関して指示を出しました。第一話で述べたマッカーサー・ノートです。

それは、天皇は「国の首長（ザ・ヘッド・オブ・ザ・ステート）」の地位にあるというものでした。先の書簡の「社会的首長（ソーシャル・ヘッド）」から、「社会的（ソーシャル）」という言葉は除かれました。

この「首長（ヘッド）」は、スタッフの打合せの中で、「象徴（シンボル）」に置き換えられました。天皇に権力がないことを、一層はっきりさせるためだったようです。

なお、この頃には天皇象徴観は、司令部内でも普通になりつつあったようです。もともと英米人にとって君主（王位）の象徴性は、特別の精神的な意味を持って感じられるものだったそうです。

ちなみに、「国の首長」を、日本では「国の元首」と訳しています。この訳について、マクネリー先生は不適当な訳だと言っています。このことや天皇制度を起草したプール他、司令部草案作成の一連の事情は、鈴木昭典さんの『日本国憲法を生んだ密室の九日間』（創元社、一九九五年）に詳しく紹介されています。

なお、天皇が元首かどうかについては金森徳次郎大臣も貴族院特別委員会で、天皇を元首とするのは権力と結びつけられる恐れがあるので、不適当と答弁しています。

話を戻して、草案作成を担当したプールは、天皇を英国の君主と同じような存在と考えました。権力は持たなくとも国民の尊敬を集める存在にしたい、ただのお飾りにはしたくないと思ったのです。

そこで彼は、英国のウェストミンスター憲章を参照し、「皇位は日本国の象徴であり、日本国民統合の象徴」とする原案を作りました。そして天皇を、この「象徴の体現者」としました。

しかし、「皇位」は上層部で「天皇」に戻されました。簡単にしようということだったようです。(3) こうして、天皇は日本国の象徴であり、日本国民統合の象徴という、日本国憲法の原文が作られたのです。

権能の形式化

プールが次に手掛けたのは天皇の権能でした。天皇の権能に関しては、前に第一話で述べたスウィンク228が指針を示していました。

その文書には、天皇から軍事面の権能を奪うことと、重要行為についてはすべて内閣（国民に基づく政府）の助言を必要とすること、などが書かれていました。

プールら司令部スタッフは、この指針を次のように理解しました。それは、一方で政治的・軍事的野心を持つ勢力に二度と悪用されないために、天皇に政治権力を持ってもらいたくない、しかし他方で天皇には国民に尊敬される君主として重要な役割を持つ存在でいてほしい、というものでした。

その結果、天皇には重要な国家行為を担ってもらいつつ、同時にその行為は非政治的で形式的・儀礼的性格のものとするよう、草案に定めることとしました。

さらに、その天皇の行為（国事行為）には内閣の「輔弼と協賛」を要するということも草案に定めました。

草案の「輔弼と協賛」は、明治憲法の英訳（立案者の伊藤博文を助けた側近伊東巳代治の訳）で使われた用語が参照されたようです。

ちなみに、この「輔弼と協賛」の言葉をめぐっては、この後日米スタッフの間で大論争があり、最終的に現行の日本国憲法にある「助言と承認」に落ち着くこととなります。第一話でお話した三月四日の松本大臣の司令部での大喧嘩も、これが原因でした。

要するに日本側では、天皇の行為を内閣が指図するのでは上下関係が逆転するように見えるので、せめて用語だけでもそうならないようにしたいと思ったのです。

なお、金森徳次郎大臣の帝国議会貴族院での答弁によれば、「助言」とは内閣の側から天皇に対し、「承認」とは天皇の側から内閣に対し、それぞれ行為を求めた場合を想定するものでした。

フランス革命思想の異種混合

ここで重要なのは、天皇の権能がただ形式化されたのではなくて、そもそも政治権力（主権）が天皇ではなく、国民にあるとされたことでした。

すなわち、草案の中で国民主権が初めて宣言されたのです。このときから、象徴天皇制度は国民主権とセットになりました。

司令部が国民主権の明言に踏み切ったのは、これも第一話で触れた民間人有志の憲法研究会案で国民主権が提案されていたことに影響されたとも言われています。

政府の象徴天皇観

司令部草案を受け取った日本政府は、天皇が主権者でなくなることに大ショックを受け、しばし「呆然」でしたが、象徴天皇にもピンときませんでした。松本大臣は「象徴(シンボル)」という言葉を見て、草案を文学書かと思ったそうです。

日本政府は、司令部草案を日本案に法案化した後、今までの主権者ではない、象徴天皇像を議会で説明する必要に迫られました。

その結果たどり着いたのが、日本の歴史から見て、天皇を国民の憧れの中心とする「あこがれ天皇」でした。これを一生懸命議会で説明した金森大臣は、「あこがれ大臣」とからかわれたそうです。

国民の象徴天皇観

もっとも、例えば戦前ジャーナリストとして活躍した石橋湛山《たんざん》先生は、元々天皇に政治的実権などなく、象徴的存在だったのだから、天皇制度に変革はなく、ただ今回成文で明らかにしただけだと思っていました。

当時、象徴天皇制度を支持した八十五パーセント（昭和二十一年五月二十七日付毎日新聞調査）の国民も、案外湛山先生と同じ思いだったのではないでしょうか。

ちなみに、さかのぼること明治新政権成立直後に大久保利通は、天皇が「民の父母」たる務めを全うすることで全国民の心を一つにすることの大切さを訴えています。

元々日本では、古くは鎌倉期頃から皇祖であり「もろ人人の父と母」と考えられていた伊勢神宮を、全国から人々が参拝に訪れる風習がありました。

この意義について、法制史学者石井良助先生は、神宮を通して間接的に天皇が「国民の精神的統合者」であったという分析をしています。つまり石井先生によれば、天皇（皇位）は昔から国民統合の象徴たる性格を持つ存在だったということです。

先の大久保の訴えや、終戦後の日本でマッカーサーが目の当たりにし、占領政策の基盤に置いたものも、石井先生の分析にあるような天皇の存在だったのでしょう。

いずれにせよ天皇の存在は、明治憲法を作る際に井上毅《こわし》や金子堅太郎らによって確立された天皇主権国体論とは関わりないことを、政治家や法律学者らよりも、庶民のほうがはるかに素直に感じ取っていたのだと思います。

金森の「あこがれ天皇」観

これに対し金森大臣は、さすがに他の政治家や学者らとは違いました。大臣は、貴族院特別委員会でこう説明しました。

いったい、何が変わればこれまでの日本では無くなるのかという観点で国体を見れば、従来のような万世一系の天皇が統治権（主権）を持つという立場は歴史に合わない歪んだものだった。歴史を振り返れば、権力は時に摂政関白や上皇、時には武家の将軍が握っていた。

では何が変わらなかったかと言えば、歴史の上からも天皇が国民と心のつながりを持ち、その下で国民がまとまっている法以前の姿だ。

この姿について、これまではまったく何人も怪しまなかったし、大体の国民も得心していると思う。国体が変わったというのは全国民の考えではない。

日本国憲法は、この大体の国民の考えに沿って、天皇を「国民の総意」によって「象徴」天皇という憲法制度に取り込んだのである。

二　いくつかの問題点

日本国の象徴

今お話ししてきたように、憲法は天皇を「日本国民統合の象徴」と定めたのですが、憲法はもう一つ、天皇を「日本国の象徴」でもあるとしています。

金森大臣は、この「日本国の象徴」から導かれる二点についても、こう説明しています。

一つは、天皇が公平無私の存在と認められる。ここから天皇が無答責、つまり天皇の行為に刑事上も政治上も責任がないことが導かれる。

今一つは、天皇の尊厳が守られるべきことである。その表れとして、憲法は天皇に国の象徴としてふさわしい一定の国事行為を認めている。

また、敬称をつけるなど名誉が重んじられる。

国事行為

このように憲法は、一定の国事行為を天皇に認めています。例えば、内閣総理大臣や最高裁判所長官の任命とか、憲法や法律などの公布といった行為です。国事行為には内閣の助言・承認を必要としています。天皇を国政に関わらせないことで、国事行為を形式的・儀礼的行為としているのです。

つまり、天皇が行う国事行為は、政治部門の行う一定の国家行為に重みをつけるためのものです。このことは、君主は統治せずという西洋近代立憲制の原則に沿うものといえます。

ただ、日本の場合、ずっと昔から天皇に政治的実権がなかったのは金森大臣の言ったとおりです。

例えば戦前に限っても、明治天皇は日清、日露両戦争に反対でしたし、昭和天皇も対米英戦争に反対でした。でも、政府は聞く耳持たず、戦争をしました。それどころか昭和に至っては、国体思想を強調して天皇の権威を戦争遂行に利用さえしました。

ですから、天皇の統治禁止は、西洋のように君主たる天皇が政治に口出しするのを防ぐというよりも、司令部の意図にもあったように、広く政治の側が天皇を政治的に利用するのを禁ずることに重点が置かれています。

象徴行為

憲法は天皇に一定の国事行為を認めますが、その他の行為については何も定めていません。

この点について金森大臣は、貴族院特別委員会で、例えば個人として芸術活動を行うとか、国政について個人の立場で知識を得たりすることなど直接国政に関わらない行為はまったく妨げないと答弁しています。

公の地位との関わりで調整されることはあるが、天皇も国民の一人として憲法で定めた人権を持つという答弁でした。

しかしまた、天皇は社会的君主（「ソーシャル・モナーク（社交的な君主）」）としても様々な言動を行います。これらの言動について、たとえ権力は持たなくとも天皇の権威を政治利用される恐れがないとは言えません。金森大臣も、この点は心配しています。天皇を政治の外に置くことが皇室の安泰につながると考えていたからです。

この弱点は学説によって補われました。憲法に明文はないが、国政に影響を及ぼす恐れのある公的行為は、象徴行為として内閣（宮内庁）の関与の下に置くこととされました。

象徴行為としては国会開会式の「おことば」が有名ですが、その他にも正月の一般参賀や国内巡幸などがあります。

敬称・敬語問題

天皇（や皇族方）になぜ敬称や敬語を使うのかと聞かれることがあります。その答えは、さっきの金森大臣の説明のとおり、天皇が国の象徴であることから導かれます。この点について、国家法学者美濃部達吉先生は、こう説明します。

日本国の尊厳がその象徴たる天皇の御一身によって表現されるところから、国民は天皇を尊崇すべき義務を負う。そしてこの地位は憲法の成文をもって定められるのだから、この義務も単なる倫理的や感情的な観念ではなく、法的な観念である。

国民に憲法上の義務があるかどうかは別にしても、国民自らの総意で天皇を尊厳ある地位に定めたとされる以上、自ら敬うのは当然と言えば当然なのでしょう。皇族方も皇位継承の可能性があるところから、同じように考えてよいのだと思います。

ただし、いずれにせよこの意味は、戦前までのように敬して遠ざかることとは違います。ちなみに平安時代、後白河法皇が仁和寺からの帰り道、ある家から朗詠が聞こえてきたので、どんな人か確かめようとその家に立ち寄り、朗詠の主と交流の一時を持たれたと伝えられます（『梁塵秘抄』口伝集巻十二）。

実は明治の頃も西園寺公望などは、天皇が親しみのある近しい存在であってほしいと思っていたようです。ただ、この思いは伊藤博文とは違いましたが。

金森大臣も貴族院特別委員会で、この憲法では天皇を従来のような「全然雲の上」にしてしまうのを改めるものだと答弁しました。

生前退位（譲位）と皇室典範の問題

明治憲法制定にさかのぼると、井上毅は、皇室典範に天皇譲位を定めるよう主張しました。井上は、伊東巳代治や金子堅太郎と共に伊藤博文の下で憲法を作る仕事をしていた人です。井上の言い分はこうでした。

天皇といえども人間だから、職務を十分果たせなくなったときは、いつでも皇位を去ることができてしかるべきだ。

摂政で代行する方法だと、その機会を利用して自分の政治的野心を遂げようとする者が出てくるかもしれない。むしろ皇位を譲ることで、そのような混乱が避けられる。

これに伊藤博文は反対でした。彼の言い分はこうでした。

そもそも皇位は終身が当然だ。天皇が職務を果たせなくなったときに摂政で代行するのは、むしろ皇位の尊厳を保つためだ。譲位の考えは仏教の弊害から出たものである。

この伊藤の考えが通り、皇室典範に譲位の定めを置かないことに決まりました。そして日本国憲法下の皇室典範でも、同様に譲位の定めは置かれませんでした。今はまだ、国民が譲位を望んでいないとの理由でした。

なお金森大臣は、将来譲位（退位）の定めを置く可能性について、帝国議会衆議院皇室典範案委員会で、こう答弁しています。

退位をめぐって過去は皇位継承争いなどが絡んだが、時代は変わった。この問題は、天皇の人間的な自由を確保することと、天皇が国の中心にあるという国民の確信・考えとの双方の調整で解決されるべきものである。そして、国民の確信・考えは、国会の議決で明らかにされるものだ。

近年、今上《きんじょう》陛下が国民に対し自らの譲位について言及されたことで、譲位問題が現実のものとなりました。

この件で一点問題となったのは、法律である皇室典範は譲位を認めていないので、譲位に言及されることが必然的に法律改正を求めるものとなり、天皇が政治に口出しされたように世間で受け止められたことです。

元々司令部草案の提示を受けた日本側では当初案（三月二日案）で、皇室典範の改正は天皇が内閣の輔弼により国会に発案するという定めを置いていました。

皇室の自治法規（家法）という典範の性格上、法律として国会の議決を必要とするなら、せめて天皇を改正発案者とすべきだと考えたからです。

でも、司令部はこの定めを認めず、その結果、典範を普通の法律と同じに扱う現行憲法になりました。

この点は将来、天皇にも何らかの発言権を認めるよう検討されてもよい事柄のように思います。

女系天皇

日本国憲法は、皇位を「世襲」としています。世襲とは何らかの血縁関係のあるものが天皇の地位を継ぐことです。

この定めは第一話で触れたマッカーサー・ノートの指示で司令部草案に載せられたのを、そのまま日本案に転載したものでした。

この定めについて金森大臣は貴族院特別委員会で、皇位継承者は憲法の定めの上からは、男系の男子に限定されていないと答弁しました。

時代時代の研究に応じて異なる余地があり得る、具体的にはその時々の事情に応じて皇室典範で定めることだとしました。

さかのぼること明治憲法では、皇位を継ぐのは「皇男子孫」と定められていました。でも、当時も初めから女帝（女性天皇）や女系天皇が否定されていたわけではありませんでした(4)。

ちなみに女系天皇とは、父方の血統を引く男系とは逆に、母方の血統を引く子（男子または女子）が皇位を継ぐ場合です。

女帝や女系天皇に反対したのは井上毅でした。彼の言い分は、こうでした。


まず、女系天皇だと例えば元皇族の臣民である源姓を名乗る夫との間に生まれた子（皇太子）の姓も源姓となる。そうすると、姓の異なる者がやがて次の天皇となる。

これは「易姓」であって、王朝が別の一族に取って代わることだ。万世一系を崩すこのような「恐ろしきこと」は、あってはならない。

また、過去に女帝が即位した例はあるが、臨時的なものに過ぎず、男系が絶えたわけではない。それに、いまだ選挙権が認められない女性に最高政権を委ねるのは矛盾である。

さらに、女帝・女系天皇を考えるのは、将来万一後継者が絶えるのを心配してのことだが、後継者維持にはまだ他にいろいろ方法がある。

これに対して、当時アドバイザーだったドイツ人ヘルマン・ロエスラーは、こう反論しました。

女性に政務能力がないというのは根拠に乏しい。ロシア、オーストリア、英国や清国などの例からも、そう言える。

王位継承の安定のためには、将来男系がまったく絶えたときには女帝を立て、その子孫で再び男系に戻して継承する方法も考えておくべきだ。

でも、この反論は取り上げられず、井上の主張が通り、女帝（女性天皇）や女系天皇を認めないことになりました。

明治憲法発布で皇男子孫継承が世間に明らかになった当時、過去に存在した女帝が排除された点について、陸羯南《くがかつなん》は歓迎しつつ、「古来の慣例に拘らず新たに規定したるあり」と評しました。

そして、日本国憲法下の法律である皇室典範でも「皇統に属する男系の男子」が継ぐと定められることで、この皇位継承方針が引き継がれました。

しかしその皇室典範案審議に当たっては、女系天皇についてやはり問題となっています。この点について金森大臣は帝国議会衆議院皇室典範案委員会で、このように答弁しています。


女系を認めない理由のうち、婦人の能力や体力については、もはや時代は変わった。


また、将来皇位継承者の範囲が狭くなって困ることも考えられ、女系を認めることに必ずしも反対ではない。

ただ、当面は男系が尽きているわけではなく、これは「将来の問題」として、まず十分研究することが必要だ。

男系に限るとする根源の理由について学問的見方は必ずしもはっきりせず、今後の研究に残されている。


金森大臣が言及した戦後の学問研究では、例えば経済学者平山朝治先生のように、天皇家の皇位継承ルールは五世紀頃から繰り返されてきた皇位継承争いによる政権継続の不安定さを防ぐ方法として、次第に確立してきたものとする見方もあります。

また、『新撰姓氏録』〈考証巻之七（河内国皇別［二六一］）〉に大彦命が北征の際、兎田墨坂で拾った棄児を我が子として養育した記録があり、このことを根拠として昔は皇族にも養子があったという説もあります。血縁のない者を皇族の一員に加えるということは、万世一系継承ルールの確立が後のことであるのを推測させるものです。

いずれにせよ一番重要なのは皇位が安定して続くことでしょうから、時代時代に応じた皇位継承ルールがあり得るのかもしれません。戦後研究の一端はその点を示唆するように思います。

第四話

九条と日本の進路

一　九条の成り立ち

九条の思惑

九条については、これまで二通りの見方があります。

一方で、いわゆる左翼系の人たちからは、九条は日本が二度と外国を侵略しないようにするために定められたと言われます。他方、いわゆる右翼系の人たちからは、九条は日本が二度と米国に歯向かわないようにするために定められたと言われています。

では、そもそもの九条の成り立ちはどうだったのでしょうか？　まず、九条が作られたいきさつをお話しましょう。

平和主義のアイデアマン

日本が受け入れた連合国のポツダム宣言は、軍隊の武装解除や軍需産業の廃止を日本に求めていました。でも、将来もずっと日本を非武装のままにする定まった考えまでは、連合国の間にはなかったようです。

日本の戦争放棄・非武装のアイデアは、マッカーサーと当時の幣原首相との懇談から生まれたというのが真相のようです。

幣原は、風邪をこじらせて肺炎になった際に贈られたペニシリンのお礼に、マッカーサーを訪れました。そのときの懇談の中で幣原は、戦争は恐ろしい、戦争をしないようにするためには世界中が武器を持たず、戦争も放棄するのが一番良い、というような話をしたそうです。

それを聞いたマッカーサーは突然椅子から立ち上がり、両手で幣原の手を握り、目にいっぱい涙をためながら、そのとおりです！　と言ったそうです。

日本が世界の信用を取り戻し、天皇制度を続けるためにも戦争放棄の道しかない、ということで二人は意気投合しました。昭和二十一（一九四六）年一月二十四日のことです。日本政府の憲法改正試案（松本案）を暴いた毎日スクープでマッカーサーが憲法草案作りを決意する一週間ほど前のことでした。

ケーディスの軌道修正

司令部で憲法草案を作ろうと決意したマッカーサーは、民政局の作成スタッフに、戦争放棄の条文を盛り込むよう指示しました。第一話で触れた、いわゆるマッカーサー・ノートです。

この指示にはもちろん、日本が戦争と武力を放棄すれば、天皇制度を温存することで再び天皇が悪用されるのを恐れる連合諸国（極東委員会）の警戒心を解くだろうという期待が込められていました。

そのためか、マッカーサーの指示は徹底したものでした。それは、幣原との会談で話されたような、日本のすべての戦争放棄と軍備の不保持・交戦権の否認でした。

担当の民政局次長チャールズ・ケーディス大佐は、この指示を行き過ぎだと思いました。自衛権はどんな国家にも当然のものと思ったからです。そこで彼は、戦争放棄については条文に「抜け道」を作りました。

ケーディスは、条文（司令部草案では八条）の第一項に、日本は戦争を放棄するとしながらも、戦争に至らない武力の脅しや使用については、「紛争解決の手段」に限って放棄すると書きました。そうすることで、「紛争解決の手段」でない武力の行使、つまり日本が侵略攻撃された場合の、自衛のための武力反撃が許される余地を残したのです。

そのうえで、第二項に、戦力不保持と交戦権否認を書きました。

自衛戦争の肯定

この草案を受け取った日本側の松本烝治国務大臣は、日本文に直すときに文章を簡略にしました。その結果、（日本案九条）一項は、他国との「争議の解決の具」（「紛争解決の手段」）という表現が戦争に至らない武力の脅しや使用だけでなく、戦争もその対象として読めそうな文章になりました。つまり、読みようによっては自衛戦争もできそうな、微妙な文章になったのです。

日本案作りを命じられた担当の佐藤達夫は、松本の訳文をそのまま司令部提出用の案（三月二日案）に書きました。佐藤は、松本大臣の真意は分からないが、おそらく司令部草案の英文を簡単にするための技術的な配慮で意訳したのだろうと推測しています。ただし松本大臣は、草案が司令部から提示される五日ほど前に、司令部に対して、将来、国内平和維持に限っては必要最小限の軍が必要だと説明していた事実があります。ともあれ佐藤はこの案で、司令部民政局スタッフとの徹夜の合同検討会議に臨みました。

検討会議の結果は、日本側からすれば意外なものになりました。松本訳文よりも、もっとはっきりと、戦争と武力の脅しや使用の両方ともが、他国との「争議の解決の具」（紛争解決の手段）とするのは永久に放棄すると改められたからです。これが憲法九条一項の基になりました。

つまり、この検討会議を通して自衛戦争が認められることになりました。もっとも、当時の佐藤は、なぜ司令部側がそのようにしたのか、特に関心を持たなかったと言っています。

なお、二項の戦力不保持・交戦権否認については、日本側では初めの松本訳文から現行憲法までずっと、英文にはあった「決して（ノー……エバー）」（保持しない）という言葉が略され続けました。

この点に関連して金森徳次郎国務大臣は帝国議会審議の中で、一項の戦争放棄に「永久に」とあるのに対し、二項の戦力不保持に「永久に」の文字がないのは、将来に含みを持たせたものだと説明しています。

芦田均の九条修正

でも、将来はともかく、二項の条文上は、一切の戦力の保持が認められません。そこで政府は議会で、九条一項では自衛権（自衛戦争）を放棄していないが、二項で（自衛のための戦力も含む）一切の戦力を放棄し、交戦権も認めないと説明しました。

これでは、自衛のための小規模な武力の使用はできても、結果的に自衛戦争まではできません。

そんな折、憲法改正を審議していた衆議院小委員会で、九条修正の提案が出されました。その提案とは、九条の戦争放棄について、もっと日本の自発性を強調するような文言を盛り込みたいというものでした。

そこで、当時小委員会委員長だった芦田均は一項に「正義と秩序を基調とする国際平和を誠実に希求」するためという一句を新たに付け加え、二項に「前項の目的を達するため」という文を付け加えました。いわゆる芦田修正です。

この二項の「前項の目的」とは、一項の「国際平和を誠実に希求」するという目的を意味するものでした。だから、条文の意味は全然変わらないと説明されました。

ところが、二項に加えた「前項の目的」は、それとは別に一項の、自衛戦争を除く一切の戦争（「紛争解決の手段」としての戦争）をしないことだと読めてしまいます。つまり二項では、そのための戦力は持たないと読めることにもなるので、そうなると、除かれた自衛戦争のための戦力は持てることになってしまいます。

当時、芦田委員長がこのことを承知で修正したかどうかは、はっきりしないようです。ただ佐藤は、この修正では司令部に、自衛のための戦力を持ちうるかの誤解をさせるおそれがあると芦田委員長に伝えています。

ケーディスの後押し

芦田委員長は、司令部のケーディスに条文修正の了解を求めました。佐藤の心配は的中しました。ケーディスは、この修正で自衛のための戦力を持てると解しうると気がつきました。でも、ケーディスは黙っていました。彼はその解釈に賛成だったからです。

しかも、自衛のための戦力を認めておけば、将来日本が国際連合に加盟したとき、国連軍への編入なども可能になると考えました。それで彼は、芦田の修正提案にオーケーを出しました。まさに、芦田修正の猫だましでした。

ところが、そのやりとりを聞いたあるスタッフが、「ケーディスが、自衛戦力を持てるようになる勝手なことをやりました」みたいなことを民政局長コートニー・ホイットニー准将に言いつけに行きました。そしたら准将から、「それがどうした、君は反対か?」みたいなことを言われてしまいました。その人は「自分は賛成であります」風なことを言ったそうです。

しかし日本政府は、芦田委員長の公式の説明どおり、修正案でも九条一項は自衛戦争を放棄していないが、二項で一切の戦力を放棄し、交戦権も認めないことに変わりないという議会説明を通しました。こうして現行憲法の九条ができ上がりました。

極東委員会の逆襲

ところが極東委員会も、将来日本が再軍備するつもりだと疑ったらしく、この猫だましには騙されなかったようです。彼らは、いわゆる「文民条項」を強力に要求してきたのです。

そもそも文民条項の要求とは、内閣の大臣が軍人ではないこと、つまり「文民」であることを憲法案に加えよという要求です。軍隊ができても、戦前のように軍部が政治に口を出すのを防ぐためです。

この要求は元々、第一話で触れた米国のスウィンク228に掲げられたもので、極東委員会も、これにならって日本側に求めていたものでした。

これに対し日本側は当初、拒否の姿勢をとりました。戦力不保持を掲げる以上軍人はいない、それなのに、わざわざ文民をうたうのは変だ、という理由でした。それでいったんこの話は済んでいました。

ところが芦田修正のクローズ・アップで風向きが変わりました。極東委員会が文民条項を加えるよう、再び司令部を通して強く要求してきたのです。ちなみに、このとき最初に問題を蒸し返したのは中国（旧中華民国）だったそうです。

日本側がこのまま拒否し続けて、極東委員会を敵に回すと厄介なことになります。司令部のアドバイスに従い、日本政府は最終的に、この要求を受け入れました。

ただ、彼らも日本を武装解除しましたが、永久に非武装のままにすることまでは考えませんでした。自分の国を自分で守れない丸腰国家を強制することは、さすがに連合諸国も行き過ぎと思ったようです。

こうして大臣の文民条項が憲法に定められました。

自衛戦力の裏公認

このようにして、公式の説明では、九条は自衛権（自衛戦争）を放棄していないが、自衛のための戦力も含めて一切の戦力を持てないとされました。

でも同時に芦田修正で、将来解釈を変えて自衛のための戦力を持つのが可能になるよう、条文の外枠（法規範の外延）が拡げられたことは確かです。しかも、この拡げられた外枠（外延）は、司令部上層部の裏公認済みのものでした。

司令部関係者の話では、マッカーサー自身も当時、同じような考えだったようです。実は彼も、憲法草案作りのとき戦争放棄・軍備不保持を掲げたものの、本当のところは時代がまだ早過ぎると思っていたそうです。昭和二十五（一九五〇）年に自衛隊の前身の警察予備隊が設けられたときに、マッカーサーが考えを変えたと言われていますが、それは間違いだそうです。

もっとも、日本の憲法学者の先生方の多くは、自衛のための軍隊を九条二項違反と解釈しています。

国連憲章と九条

九条が自衛権を放棄していないことから、国際連合憲章五十一条とも関連して、攻守同盟条約や共同制裁条約を日本が外国と結べるかが、帝国議会審議で問題となりました。いわゆる「集団的自衛権」をめぐる問題です。

金森大臣は、そのような条約が九条に違反する内容なら結べないが、反しないものなら、また別の問題となると答弁しました。なお、国連憲章と憲法九条との関係は、将来日本が国連に加盟したときの議論によるということでした。

それと関連して、将来日本が国連に加盟した際に、国連軍が制裁戦争を行うような場合には、日本は九条によって協力できないと、幣原は答弁しました。

というわけで、集団的自衛権や国連の集団的安全保障と九条とをめぐるそれ以上の議論はすべて、後世に先送りとなったのです。

二　平和主義国日本の行方

「誤れる平和主義」

「誤れる平和主義」とは、スペインの哲学者オルテガ（ホセ・オルテガ・イ・ガセト）先生が、第一次世界大戦後、特に欧州で唱えられた不戦・軍縮の平和主義について、「平和主義考」という論文（一九三七年発表）で語った言葉です（木庭宏先生の『オルテガ　随想と翻訳』〔松籟社、二〇〇九年〕所収）。

「誤れる平和主義」とは、どういう意味か。木庭先生の訳に沿ってオルテガ先生の言わんとするところを整理してみましょう。

一九一四年から一九一八年まで続いた第一次世界大戦は、飛行機や戦車など新兵器の投入などにより、各国国民をも巻き込む総力戦となって悲惨な結末を迎えました。その結果欧州の人々は、もう戦争をしてはならない、そのためには軍備も持つべきではない、そうすることで平和を達成するという、不戦・軍縮の教訓を得ました。そしてこれからは、国際紛争を戦争ではなく、国際道義、さらには国際法・国際機関で解決すべきだと考えました。そのために国際連盟も作られました。

しかしオルテガ先生は、このような平和主義政策は誤りと断じました。なぜなら、これでは戦争はなくならないと考えたからです。

先生の予想は不幸にも的中しました。不戦や軍縮の流れは、その後台頭したナチス・ドイツによる欧州軍事制圧に対し、ほとんど無力でした。それどころか、彼らを結果的に助けてしまいました。そして結局、不戦・軍縮に努めた国々も戦争に巻き込まれていきました。第二次世界大戦です。

では、どうして不戦・軍縮の平和主義では戦争を防げなかったのでしょうか?

戦争の正体

オルテガ先生は、このような不戦・軍縮で平和を達成するという平和主義が戦争の悲惨さに眼を奪われるあまりに、戦争の正体を見誤っていると指摘していました。

先生によれば、戦争も人間の作った一つの制度、つまり、国家が国際間の紛争を解決するための一つの手段（究極的紛争解決制度）です。

国家間の利害対立が決定的で、交渉のような平和的手段では解決困難な場合、戦争のほうが、より効率的・経済的で、かつ最終的に紛争解決可能と判断されれば国家は戦争するということです。特に、もう戦争でしか解決できない場合には、なおさらです。

でも、そういうことのないように国際連盟のような制度が作られたのではないのでしょうか？　国際連盟加盟国は共通の国際ルール（国際法）で紛争を解決できるはずではなかったのでしょうか？

この考え方自体に実は落とし穴がありました。

法の支配と国際連盟

最大の問題は、国際間にそもそも国際法なるもの（法の支配）が存在するのかどうかです。オルテガ先生によれば、こうです。

そもそも法とは、国家とまで言えなくとも、少なくとも共同社会が存在し、その社会内で共有する価値観があり、その価値観が広く共同社会の構成員の支持を得ているところに成り立つ。

ところが、国際関係のような国と国との間では、全体的な社会そのものがいまだ存在せず、互いの価値観も一致していない。そのようなところに法はなく、いわば真空地帯である。

つまり、互いに守ることを保障する国際法なるものが、そもそも存在していないのである。あるのは、旧来からの外交手法の先例にすぎない。

では、国際連盟とは、いったい何か？　第一次世界大戦後、戦争を防ぐために作られた、この組織は共同社会ではないのか？　オルテガ先生は、こう言います。

国際連盟とは、実在せぬ法のために作り出された巨大な司法機構に過ぎない。つまり、加盟国が互いに主権を主張し合う従来型外交手段のいわば拡大版でしかない、「根本的な歴史的誤り」の作品である。

結局、どれほど戦争が悪・犯罪と言われようと、戦争するなと言われようと、人間は戦争をやめない。こういうことです。

「本来の平和主義」への道

ここから先生は、戦争を回避するために代わりの手段を導き出します。価値観を共有する国家連合、先生の言う「本来の平和主義」への道筋です。先生は、こう示唆していました。

単位として、まず考えるべきなのは真空地帯の「国際」ではなく、共通の価値観を持つ国家連合的な共同社会である（共同社会は必ずしも地理的に同じ地域とは限らず、例えば英連邦［英連合］のような場合もあり得る）。

この共同社会内で広く支持された価値観に基づく共通法によって、社会内の争いを平和的に解決する。

現在、欧州では欧州連合という壮大なプロジェクトが試みられていますが、オルテガ先生の提唱した欧州国家連合構想に沿う一つの実験と言えます。

その成功も失敗も、私たちの学びになると思います。

平和国日本の進路

平和とは、戦争をしないことです。法制史学者の石井良助先生によれば、日本の皇室には平和・平安を願う伝統があるとされます。つまり、元々日本は、平和の伝統が皇室を通して代々引き継がれている国と言えます。

しかし、九条のような不戦・非武装の平和主義はどうなのか。それで今度こそ戦争はなくなるのでしょうか？　もう「誤れる平和主義」ではないのでしょうか？　時代は第二次世界大戦前とは違うのでしょうか？

少なくとも現状では、各国は相変わらず勢力争いをし、必要に応じて戦争もし、相変わらず国際法など何のそのです。国際連盟に代わる国際連合も、大国同士のさや当てで、国際社会の役割を果たせていません。

国際社会なるものは、いまだ存在していないと言わざるを得ません。あるのは、核の均衡と地域紛争という見せかけの世界平和、オルテガ先生の言う、「潜在的交戦状態」です。

それどころかさらに一層、争いの原因も形も複雑になってきています。

とすると、平和国家を貫くためには、日本もまずは地域の平和、すなわち価値を共有する国家連合の道を選ぶほかないように見えます。

オルテガ先生の提唱した欧州国家連合構想の根拠は、国家同士のナショナリズムの対立はあっても、欧州にはローマ帝国以来の共通の価値観が底流にあるというものでした。

では、日本にとってどの地域に共通の価値観があるのでしょうか?

明治維新で日本は、五箇条のご誓文をもって古いしがらみから抜け出して欧米世界の公道に従うことを宣言し、実行しました。つまり、朱子学中心の東洋思想から、欧米の資本主義と自由・民主主義思想への転換を図りました。

五箇条のご誓文策定に自ら携わった木戸孝允本人は、西洋近代化によって、やがて日本の古き良き習俗や伝統が失われていくであろうことを嘆いたと伝えられます。でも、それも欧米列強から日本を守るためには、ある程度覚悟しなければならないことでした。

そして第二次世界大戦後の日本も、日本国憲法で、さらに徹底して欧米型の資本主義と自由・民主主義を引き継いでいます。

この流れを継承するとすれば、日本は、この価値観を共有する地域、国々との連携を広げていくということになるのでしょう。

もちろん、各国にはそれぞれ特有の国柄や国益などの諸事情があります。欧州連合でも悩ましい問題であるように、各国の諸事情を尊重しながら連合を作り上げるのは、なかなか容易ではありません。

ただ、少なくとも憲法九条の平和主義に関しては、これを国家連合の共有ルールとするのは困難のようです。「戦争をしない、軍備も持たない」という平和主義では戦争はなくならないと言ったオルテガ先生の言葉を、私たちはもう一度かみ締める必要があるのかもしれません。

第五話　人権尊重主義

一　権利・自由と「公共の福祉」（共通善）

人権総則

日本国憲法は基本的人権について定めています。その内容は、信教の自由とか財産権など個別の人権の定めですが、最初のほう（十一条から十三条まで）で、人権全体について定めています。

まず十一条は、人権の由来を述べたうえで、この権利が永久に保障されるとうたっています。

次に十二条は、国民は、人権が侵されないよう常に用心しなさいとし、そのうえで国民は人権の濫用をつつしみ、常に「公共の福祉」のために使う「責任」があるとしています。

最後に十三条は、国民は皆、個人として尊重されるとしたうえで、生命・自由・幸福追求といった一般的な人権については、公共の福祉に反しない限りで最大限尊重されるとしています。

つまり憲法は、十一条で人権の大切さを、十二条で人権の行使の仕方を、そして十三条で一般的な人権について十一条と十二条の中味を繰り返しながら、それぞれ述べています。

司令部草案との違い

これらの三か条は、司令部草案とほとんど同じ中味です。ただ、特に十二条については、二か所ほど違うところがあります。

一つは、「公共の福祉（パブリック・ウェルフェア）」は、司令部草案では「コモン・

グッド」という言葉でした。

このコモン・グッドを、当時司令部草案を翻訳した外務省は、「共同の福祉」と正しく訳しました。別訳すれば「共通善」です。

共通善とは一言で言うと、自分の幸せ（善）は他人の幸せ（善）ということです。日本案を作るときは、司令部草案の基本的な形を守る方針でした。ですから、日本側の言葉の言い換えは、法令用語上の技術的な言い換えで、意味まで変えるつもりはなかったのだと思います。

しかし、司令部が日本案（三月二日案）を再び英訳したときには、日本案のほうの「公共の福祉」に合わせ、「パブリック・ウェルフェア」に統一されました。この言葉の言い換えが後に、人権と対立すると考える、もう一つの人権尊重主義に影響を与えたのかもしれません。

今一つは、「責任」という言葉です。この言葉は、司令部草案では「義務」でした。この点は単に義務よりも、人権を公共の福祉のために使う責任があるとして、国民に自覚を持ってもらいたいつもりで、言葉を一層強めたのです。

十二条の政府説明

政府は帝国議会で、この十二条について次のように説明しました。

明治憲法にも国民の権利が定められており、しかも権利ごとに、国民の代表である議会の定める法律によらなければ制限されないと書かれていた。しかし、制限の基準を定める条文がなかったので、制限が行き過ぎ、国民の権利がたびたび侵された。

そこで今度の憲法では、その反省から新たに、人権が永久不可侵であることを定め、同時に、人権が制限される範囲を明らかにして、不当な侵害が起きないように、この条文を置いた。

政府は続けて十二条の中味についても、次のように説明しました。

人権は十一条や十三条にも書かれているように、国民にとってとても大切な権利であることはもちろんである。しかし、権利・自由は絶対ではない。

そこには必ず義務（責任）が伴う。国民は、権利を行使することで、社会共同生活を完成していく義務を負っている。そしてまた、国民は権利を濫用してはいけない。

以上のことは、単に道徳的な意味を持つだけでなく、権利の制限を意味する。つまり十二条は、ただの教訓的な規定ではない。

共通善

政府は、「個人の自由と公共の福祉とは表裏一体、融合調和」すべきものと説明しました。個人が尊重されるのはもちろんだが、その個人は社会と切り離せない存在でもあると述べたのです。

この考えは、「個人は社会の道具」とするファシズム的な考えとは違います。要するに、人権は共通善に従って行使しなさいということです。共通善というと、何だか大変なことのようですが、別に難しいことではありません。

例えば、料理を作って売るのは営業の自由の行使です。その場合、料理の道を究めたいとか、少しでもおいしい料理を世の中に提供したいとか、お客に喜んでもらいたいとか、そういったことが自分の喜びだという気持ちで営業すればよいのです。

客のほうも、きっと「おいしいね」「よかったね」などと思うでしょう。食材や味や調理法や価格やサービス等々の努力に対しては、客も満足してお金を払います。ライバルとの競争も、よりおいしい料理を目指すものとなり、互いに努力・工夫して、お互いの技術や知恵などを高め合うことになります。その結果、料理界全体のレベルも向上します。

決して、自分を犠牲にして人様に尽くせという滅私奉公ではありません。自分にとって善いことが他人にとっても善いことだ。東洋思想の「自利利他」の精神に似ています。憲法は、この精神を法的義務にまで高めた。政府は、このことを国民に対して述べたのだと思います。

二　もう一つの人権尊重主義

個人主義と相対主義

ところで、日本国憲法の人権の定めはその後、政府説明とはまったく別の考え方で運用されるようになりました。それは、次のようなものです。

個人の尊重をうたう日本国憲法は個人主義に立っている。何が善いことかは個人が自由に決めるものだ。何が善かは、外から縛られるものではない。個人の権利・自由（人権）は、他人の権利・自由（人権）と両立する限り、個人が善いと思うところに従って、どのようにも行使できる。

少し極端ですが、料理の例で言うと、料理で有名になり、金をガッポリ稼ぎたい、そのためには時に少々ずるい手も使うかも、という気持ちで営業するとします。ライバルに対しても、食材を買い占めて困らせたり、抜け駆けして儲けを一人占めしようとします。

でも、こういうあこぎなやり方をしても、度が過ぎない限り、憲法は、料理の道を究めようと努力する場合とまったく同じに保障するということです。

どちらの料理を選ぶかは客が自由に判断するものだ、つまり、客のほうで賢明な判断をしなさいということです。

こういう考え方を「価値相対主義」とも言います。

この主義によれば、何が善いかは個人個人で違うのが当然で、共通善などは価値絶対主義で、認められないことになります。

この考え方によれば、先ほどの十二条は次のようになります。


人権の制限を定めた憲法十二条は余計なお世話である。つまり十二条は、憲法上法的な意味のない、ただの道徳的な規定である。

人権が制限されるのは、同じように保障される他人の人権とぶつかる場合だけ（経済的自由を除いて）だ。そしてこの制限は、人権に内在する最小限度の当然の制限である。


ミーイズム（自己中心主義――ジコチュー）

かつて世間では、自分にとって恋人とは世界一大切な存在でした。ところが近頃では、恋人とは「自分の次に大事な存在」なのだそうです。相手の幸せを心から願い、そのために自分は身を引き去っていくなどという純愛小説に昔は皆涙したものですが、今時の若者たちは「何じゃそれ?」「マジすか?」「ありえなーい」と言うんでしょうね、きっと。

かくして自由な個人の尊重は、いつのまにか「他人への思いやりや気配り」よりも自分が第一という意味になりました。この風潮がやがて、一番大事な自分のために他人の生命や財産までも軽んじるということになりはしないかと心配です。

それはともかくとして、人権についての政府説明は、司令部草案の文言を素直に捉えていたと思います。

金森国務大臣は議会答弁で、重ねてこう説明しています。

憲法は個人の尊重から出発するが、決して純粋な個人主義を讃えるものではない。自由を行使することで、共同の利益を高めていく。憲法はそのことを露骨に言うものではないが、その精神は取り込んでいる。

でもそのような説明は、その後の憲法の運用には、どうも十分活かされていないように見えます。

二つの人権哲学の接近

「共通善」という言葉は一九七〇年代以降、いわゆる自由主義と共同体主義との間の哲学論争で取り上げられてから、再び注目されるようになりました。

当時両陣営は激しく論争しましたが、最近ではお互いに接近し合うようになっています。ですから、人権について何が善かは個人が決めるという現在の考え方と、自分にとっての善と他人にとっての善は共通であるべきだとする先の政府説明の考え方とは、今では必ずしも相容れないものではなくなっているように思います。

三　平等の観念

平等の基準

日本国憲法（十四条）は、国民の法の下の平等を定めています。しかし憲法は、それ以上のことには何も踏み込んでいないという点については、帝国議会貴族院特別委員会で金森大臣が説明したところです。

では平等とは何か。いったい何をもって平等とするのか、その基準は何か、が問題となります。

平等について、経済学者のヨーゼフ・シュンペーター先生が、その著『資本主義・社会主義・民主主義』の中で次のように語っています。その要旨を見てみましょう（中山伊知郎・東畑精一両先生訳〔東洋経済新報社、一九九五年新装版〕または大野一先生訳〔日経BP社、二〇一六年〕参照）。

そもそも事実として人間は平等ではない。にもかかわらず平等観が唱えられるのは、神の前の平等をうたうキリスト教的平等観の影響による。キリスト教的平等観とは、「神の前では何人も一人として計算され、一人以上として計算されない」というものである。

近代合理主義は神を否定したが、この平等観は引き継いだ。ゆえに、近代の平等観も一つの「信条」（信仰）である。これに異を唱える者が、「論理的反論」だけでなく

「道義的憤まん」までも受けるのは、このためである。

このように平等とは、人々の信念に属するものであるから、何が平等かの絶対的基準はない。要するに意見、程度の問題で、その基準は各時代の状況や人々の意識で変わる。つまり、各時代の人民（国民）の判断に委ねられている。

シュンペーター先生による説明は、以上のようなものです。ちなみに、日本人にも「仏教的平等観」があるとされるので、平等観が日本にも受け入れられる下地があったのかもしれません。

一票の格差

選挙の平等に関連して「投票価値の平等」が問題とされます。議員選挙について、各選挙区の議員定数を一人として、人口の最大選挙区と最小選挙区の人口比率が二対一以上に開いてはならないとされます。一人一票の原則から、そのように考えられています。裁判所も現在のところ、この基準を厳格に用いて選挙の合憲性判断を行っています。

しかしながら、そもそも平等に唯一絶対の基準などないとされますし、また、選挙制度の運営上も適当な範囲で多少の柔軟性は認められるはずでしょう。

将来国民が、投票価値の平等は唯一絶対との信念を変えるときが来れば、裁判所の判断も変わるかもしれません。(5)

四 政治と宗教の分離

政教分離制度の由来

日本国憲法は、国民に信教の自由を保障するとともに、政教分離を定めています。政教分離とは要するに、国は特定の宗教とくっつかない、言い換えれば、国はすべての宗教から中立でなければならないということです。

金森大臣は政教分離の定めについて、貴族院特別委員会で大要をこう説明しました。

明治憲法でも信教の自由を認めていたが、運用のうえで国が特定の宗教に比較的深入りすることに、たいして疑いがもたれることがなかった。神社について、常識的に言って宗教的要素を含んでいるものに無理に宗教的要素を含まないという説を作って調子を取っていた。このような点を世間で相当強く指摘されていて、それには大いなる理由があると考える。

金森大臣が言うように、信教の自由を定めた明治憲法でも、国は宗教に干渉してはならず、国教の強制などもっての外とされていました（伊藤博文『憲法義解《ぎかい》』参照(6)）。しかし、特に戦前の昭和初期以降、国が神社神道を天皇神格化のイデオロギーとして戦争遂行に利用したことがありました。神道によって天皇を神格化・絶対化することで、戦争への国民の士気を高めようとしたのです。

それで司令部は、今後そのようなことがないように、神道を含む宗教の、国（政治）からの分離を徹底することとし、日本側もその考えを受け入れたのです。

分離の程度

理念としては絶対的に宗教と政治を分離したいというのが、政府の考えでした。金森大臣も、そう答弁しています。

でも、同時に大臣は、こうも言っています。

同じ人間が一面で政治を行い、他面で宗教に帰依していることからすれば、政治と宗教をはっきり分離するのは論理的にはできても、実際には不可能である。よって宗教を国の政治組織の中には入れないという原則を徹底しつつ、やむを得ない限度で国の政治と平行的に関わることを容認するという考えで、この制度を取り入れることとした。

でも、そうだとすると政教分離の程度、つまり大臣の言う「やむを得ない限度」とは、どういう場合をいうのでしょうか？

裁判所では、米国の判例に準じて「目的・効果基準」なるものを使って判断しています。でも、この基準は私たち素人には大変解り難いものです。それで私たちのほうは別に、この制度の根本趣旨から探ってみましょう。

日本国憲法の政教分離は司令部草案が基になっていますが、司令部の宗教課調査スタッフだったウィリアム・ウッダード先生によれば、草案起草者の意図は、ただ国家（政治）と宗教を分離したかっただけだ、そしてその宗教とは、政治利用された神社神道のことだったそうです（阿部美哉先生訳『天皇と神道』［サイマル出版会、一九八八年］参照）。

ここから、次のように見ることができると思います。

まず原則として、政治（立法や行政）の運用が宗教に関わらないでもできるなら、無理に関わらない。

次に例外として、政治（立法や行政）の運用上、どうしても宗教を切り離せない場合には、特定宗教・宗派をえこひいきせず、かつ、政治利用しないことが必要である。

問題となった事案

市立体育館建設工事に先立って、ある市が地鎮祭を公金で行ったことが問題となった事案がありました。政教分離は国だけでなく地方自治体にも当てはまるので、問題になったのです。

地鎮祭は、土地神様に無事工事を祈る行事です。気持ちの問題と言ってしまえばそれまでですが、事故の不安がそれで少しでも休まることを工事関係者は期待します。やらないと工事中ずっと一抹の不安が残るでしょう。

それで施主（市）側としては、関係者に少しでも不安なく、気持ちよく工事をしてもらえるように地鎮祭を行うわけです。政治的意図など少しもありません。

また、相手は土地神様ですから、お坊さんや神父・牧師さんには無理で、神主さんにやってもらうしかありません。

それなら市の職員がポケットマネーで私的にすればいいじゃないか、とはいきません。これもまた、公私混同で筋違いです。

この事案に対し最高裁判所は、さっきの「目的・効果基準」を適用して政教分離には違反しないと判断しました。

ところが、これに対して問題となるのは、総理大臣が、戦没者を祀る靖国神社を慰霊するため公式に、つまり日本国民の代表者として参拝することはどうなのか、です。歴代総理大臣で公式参拝の実例があります。

正直この場合が政教分離の例外と言い切れるのか、です。公式参拝しないとどうしても政治ができないのか、特定の神社でないとどうしても駄目なのか、仏教徒やキリスト教徒などはどうなるのか、本当に政治利用ではないのか、など見てくると、政教分離の例外としては認め難い気がするのですが……。

でも、それでよいのかどうか、私にも正直なところ分かりません。過去の日本の歴史をよく学んで、皆それぞれが考えることだと思います。

皇室祭祀

天皇がおもに皇居で行う皇室祭祀は、日本国憲法の政教分離の対象外と考えられました。ウッダード先生も、そう言っています。天皇の私的行為とされたのが理由のようです。

ただ、天皇の公的性格と関わる場合もあることから、現在では、天皇の「象徴行為」として政教分離制度への配慮がなされることもあるとされています。

五　言論の自由

自由の限界

自由の限界について、シュンペーター先生はこう言います。

およそどんな社会でも、良心の自由や言論の自由すら絶対的な自由として許すことはなく、また逆に、自由の範囲をゼロにすることもできない。自由の限界は歴史的に変わりうるものであり、程度問題である。

このことを経済的自由の例で具体的に言うと、こうでしょう。初め経済活動を自由放任にしたところ、持てる者と持たざる者との格差（富の偏在）が生まれ、大きな社会問題となりました。そこで経済活動の自由にいろいろな国家的規制を加え、富が公平に分配されるようにしました。

ところが経済活動が国家の枠を越えて国際化するようになると、一国の経済規制が国際間の経済活動にいろいろな障害を生むようになりました。このままでは国際競争に負けてしまい、国民経済が衰退してしまいます。

そこで再び経済活動の規制緩和、撤廃の動きが高まります。その結果、経済活動は国際競争力を取り戻します。ところが今度は一国だけでなく国際的に再び富の偏在が起こり、大問題となります。

このように経済的自由の限界（規制）をめぐる状況は、時代によって動いています。そしてこのことは、自分だけの幸せという一人勝ちの人権行使では続けられず、結局は他人の幸せも伴わなければならないことを示す一例でもあります。

従来は、経済的自由だけでなく、一般に自由・人権については国際的に規制を少なくして自由を拡大する方向が主流の考えでした。でも、その間隙をぬって国際的無差別殺人テロが横行し、人命は元より国際経済にまでも悪影響を及ぼす副作用が生じるようになっています。

そうなると、副作用を防止するために、各国では自由に規制をかける方向への方針転換が求められるという、悩ましい問題に直面することになっています。

では、言論の自由についてはどうでしょうか？

言論の自由

シュンペーター先生によればこうです。

民主制と言論の自由の制約（規制）には非常に重要な関係がある。すなわち、民主制では有権者に向かって選挙に打って出る自由がある以上、大部分のケースで、全員に相当量の討論の自由（特に出版の自由）が認められる。

つまり、立候補の自由を行使する候補者は、当選するためには有権者に十二分に自分の政見を訴えなければなりません。また、有権者もできる限り間違いのない判断で投票するために、各候補者の政見や人となりなどを十二分に知ることができなければならないでしょう。

このことは、代表民主制の下で有権者が適切なリーダーを選ぶためには欠かせない条件です。

言論の自由も決して無制限ではないものの、できる限り制限されるべきでないというのは、それが民主制にとって必要不可欠な自由だからです。民主制にとって、この点はいつの時代も変わることはないでしょう。

ヘイト・スピーチ（憎悪の言論）

もっとも、いわゆるヘイト・スピーチのような相手を強い悲しみや怒りにかきたてるだけの言論は、「共通善」に反しているため許されないでしょう。それに、このような言論がそもそも民主制の討議の対象になるかも疑問があります。

ただ、言論に対しては憲法の定めで検閲が禁止されます。言論の自由を極力尊重するためです。検閲とは、公権力（特に行政権）が、言論に先立ち、あらかじめその内容を見て、内容如何で発表を禁止することです。

そうすると、言論の自由の規制の仕方は、言論後の規制（刑罰や損害賠償などの事後規制）ということになります。憲法学者の先生方の間では、検閲は絶対禁止だとされます。憲法に「絶対」の文字はありませんが。

ちなみに、検閲禁止の定めは司令部草案に由来するものです。占領中に言論検閲をしていた司令部が検閲禁止を草案に書き入れたのは、皮肉でも何でもありません。自由の国の米国でも止むに止まれぬ事情があれば、言論検閲をすることを意味するからです。言論の自由が民主制にとって必要不可欠なのはもちろんですが、その点を最大限配慮しつつも規制のあり方については、もう少し柔軟性があってもよいのかもしれません。そのうえで裁判所の判断を仰いでも、遅くはないのではないでしょうか。

六　土地所有権

司令部草案に、土地や一切の天然資源の究極的所有権は国家に帰属するという定め（条文）がありました。土地の国有をうたう内容に、日本政府は驚くほかありませんでした。松本烝治国務大臣は、共産主義の条文だと言いました。

日本側は、当初の徹夜の日米合同検討会議で、司令部側にこの条文を削ってほしいと申し出ました。先方はあっさりと同意しました。その結果、この定めは国民の財産権の不可侵をうたう現在の条文となりました。

司令部草案作成スタッフの意図は、土地について公共の福祉などお構いなしになんでもやりたいようにやるという地主の考えを弱めることにあったそうです。もしかすると、この頃始められていた農地改革と関係があったのかもしれません。

「一所懸命」という言葉があるように、日本人には先祖伝来の土地への特別の執着が伝統的にあると言われます。米国人作成スタッフは、この伝統的な考え方を弱めようとしたのです。

司令部草案どおりだったなら、日本国憲法は社会民主主義憲法と呼ばれていたかもしれません。日本側が削り、司令部側もあっさりと引っ込めたことで、日本国憲法は資本主義憲法となりました。

戦後の日本の針路を決めた一瞬の歴史的出来事だったと思います。

七　家族制度

憲法二十四条の趣旨

日本国憲法（二十四条）は家族について定めています。結婚生活について個人の尊厳と男女の本質的平等をうたう内容は、「憲法二十四条を知らないか」などという歌詞の流行歌が流行るほど国民には新鮮に映ったようです。

ところで、この定めの基になった司令部草案には、「家族は人類社会の基底にして其の伝統は善かれ悪しかれ国民に浸透す」との一節がありました。ちなみに、この定めそのものは司令部民政局スタッフだったベアテ・シロタ作とされます。

日本側の法案作成者の佐藤達夫は、この一節を削りました。このような一節は日本流の法文にはなじまないとの立法技術的理由でした。

ただ佐藤は、この一節に特別な法的意味を感じなかっただけで、その趣旨まで否定したわけではなかったようです。

その点から見ると、この定めは家族の重要性を認めつつ、そのなかで個人の尊重と両性の本質的平等を強調するものだったと言えます。

つまり、この定めは決して、一切のしがらみから個人を解放するために家族をも敵とみなして解体しようとする原子論的個人主義から発案されたものではなかったということです。

むしろ逆に、家族という最小共同体の一員としての個人を尊重したものと言えます。

そのうえで政府は、この定めは伝統的家族を前提として、その民主化を図ったものという説明を帝国議会で行いました。ここで政府は、親子の継承を重視する従前の日本的家族制度（いわゆる家制度）そのものを必ずしも否定するものとは考えていませんでした。

この点は、司令部も同じ考えだったようです。東洋の国の家族制度に対して外国が西洋思想を押しつけるべきではないと考えたからです。

西洋的家族制度の採用

しかし、その後改正された民法では、従前の親子中心の家族制度に替えて、新たに夫婦と未婚の子で成る夫婦中心の英国的小家族制度を採用しました。

子は成長すると親の家を出て好む仕事に就き、結婚して新しい家を作る。親の家を継ぐことはない。こういう制度です。

改正を進めたのは、日本側の法学者と司法官僚たちでした。むしろ司令部のほうが、このような改正にビックリしたほどです。

改正根拠の一つは、こういう説明です。


資本主義が発展すると自ずから家族は個人主義的な小家族となる。資本主義には個人の職業選択の自由、居住の自由などが欠かせないためである。よって日本の従前の農業共同体的な古い家族制度を時代の進歩に合わせて改める必要がある。

日本の家族の文化的固有性

ところが、この話には続きがあります。その後、英国留学で培った社会人類学（文化人類学）の立場から中根千枝先生が、日本の家族は親子継承を本質とする「直系家族」（「継承」家族）だとする研究成果を発表しました。

先生によれば、家族のあり方は各社会固有の文化であり、資本主義の進展とは直接関係がないというものでした。

つまり、英国の家族の形も元々そうだったのであって、資本主義の結果、小家族となったのではないということです。

しかも先生は、一時外来の圧力がかかっても、固有の文化はそう簡単には変わらないとも言いました。外来の圧力が弱まれば、固有の文化はやがてまた戻るということです。

東大文学部の中根先生の研究に対し、同じ東大法学部のある先生は、「余計な研究をしおって！」と吐き捨てたそうです。

家族の役割

それはともかく、家族には重要な役割があります。その点を家族法学者の池谷和子先生がこう指摘しています（雑誌『正論』二〇一六年三月号〔産経新聞社〕掲載の先生の論文「個人の自由を尊重するのもいいですが、子どものことを忘れないで」を参照しました）。

家族は単なる個人の集合体ではない。子どもや障害者や高齢者のような、いわゆる弱い者を守り、育成する重要な場だ。最近の老老介護や児童虐待やいじめや少年非行などの問題は、家族の弱体化にその根っこがある。

弱い立場の者を守り、育成し、倫理観を養成する家族の役割は、他人や国が簡単に代わることはできない。だから、どうすれば家族の維持保全が図れるのかを考えることが大切だ。

このような見方から先生は、最近の最高裁判所の判断が家族成員個人の利益のほうに関心を集中するあまり、子を含む家族の一体性のほうを軽視しがちに見えると警鐘を鳴らしています。

家族の維持保全の側面をあまり重視せず、その結果、家族の衰退を助長するのであれば大変問題だ。このような傾向は特に少数意見に見られがちだと、先生は危惧します。

先生の言うとおりだとすれば、裁判所の判断は、憲法二十四条の本旨からも、ややバランスを欠くように思います。

多様な家族

九州の佐賀藩（現佐賀県）に代々伝わった『葉隠《はがくれ》』という書物があります。佐賀武士の心構えを説いたものですが、その中にこういう趣旨の一文があります。

男色も、情は一生に一人と心得よ。そうするためには相手の性根をよくよく見極めなければならない。そうでないと、ただの浮気者扱いされ、人にからかわれてしまう。

同じように、男色女色を同時進行するのもいけない。そして心身の鍛錬を怠るな。そうすれば男色も武士道となる。

このように『葉隠』では、セクシャル・マイノリティの情愛も、高い精神性を持ちうるものとして評価されています。

ただ、このような情愛そのものと、この関係が直ちに制度としての家族に含められるかは、別の問題です。憲法二十四条の家族は、男女を夫婦とする関係を想定しているからです。

この問題は、夫婦別姓や女性の再婚禁止期間などの問題と同じ「多様な家族」という概念と関わっています。憲法制度としての家族に多様性を認めて家族の範囲を広げる傾向にありますが、逆にそうなると、従来の家族の衰退につながる恐れがあるとの指摘もされています。

いろいろと考えさせられる点を含む問題と言えます。

八　生存権

生存権制定のいきさつ

日本国憲法（二十五条第一項）は国民の生存権を定めています。この定め（第一項）は最初の政府案にはありませんでした。最初の政府案は司令部草案に基づいて作られました。

政府案は、「法律は、すべての生活分野について、社会の福祉及び安寧並びに公衆衛生の向上及び増進のために立案されなければならない」というものでした。

この案に対し、帝国議会衆議院の委員会審議で当時の社会党（現社民党）から修正案が出されました。

それは、「すべて国民は健康にして最小限度の文化的水準の生活を営む権利を有する」という権利規定を加えるものでした。

そして、この一文を第一項とし、先の政府案を第二項にして、そのなかの「立案されなければならない」という文言を「努めなければならない」に修正するよう求めていました。

この修正提案は各派の賛成を得て可決され、貴族院に送られました。

政府は、この修正に戸惑ったようですが、貴族院での一連の質疑を通して権利の性質は自由権的なものとされ、国の義務は政治的義務とされました。終戦直後のひっ迫した財政事情と、権利の中味が抽象的で、社会立法で具体的に定める必要があるというのが、そのおもな理由でした。

この修正条文は、さらにいくつかの字句の修正を経て帝国議会で成立し、現在の二十五条となりました。

独立自助の精神

政府の態度は一見消極的に見えます。その背景を戦前の社会福祉（救済）制度から読み取ることができます。

戦前の社会福祉制度は、国民に救済の権利を認めませんでした。そのおもな理由は、明治維新当時の英国の制度が抱えた問題（濫救による弊害）にありました。

当時の英国では、貧民への救済を広げれば広げるほど救済を求める者の数が増えていく矛盾に悩んでいました。つまり、救済が国民の自立の芽を、かえって摘んでしまっていたのです。

明治維新当時、近代国家創設事業を始めたばかりの新政府は、救済の権利を認めることで国民の独立自助の精神が育たなくなることを恐れました。それにその当時、政府には財政上の余裕もありませんでした。

それで、自立困難な人には、家族や近隣共同体で助け合うことを勧め、それでも無理な人を国が助けることとしました。

この考え方が終戦後も、まず自助、そのうえで自助の困難な人を助けるのが共助、さらに公助という考え方として引き継がれ、二十五条の内容となったのです。

九　教育権

「教育を受ける権利」規定のいきさつ

司令部草案は、無償の義務教育制度の設置を国に求めていました。日本側の法案作成者の佐藤は、この定めを日本案化する際に国民の教育を受ける権利（日本国憲法二十六条一項）を加えました。司令部草案が示される前に日本政府で検討されていた憲法改正試案（松本案）から取り入れたものでした。完全徹夜の日米合同検討会議で司令部側も、この加筆修正に同意しました。

帝国議会で政府は、教育を受ける権利の性質について、この権利は社会権、すなわち国に教育施設等の整備を義務づけたものだと説明しました。

そのうえでさらに政府は、国が行なうべき教育（公教育）については、国が教育の内容にも関与すると説明を加えました。

つまり、国に教育内容決定権（いわゆる教育権）があるという説明でした。

教育権の所在争い

この教育権の所在をめぐって後に、これが国にあるのか、それとも国民にあるのかが裁判で争われました。「旭川学テ判決」というものです。

最高裁判所は、教育権が国にも国民にもあるかのような判断をしました。世に言う「教育権分配のアプローチ」です。

私には、この判決の意味が今でもよく分かりません。そこで、憲法史学者の小島伸之先生の説明を基にお話しようと思います。先生は、この問題を教育の中立性の一側面とします。それは、次のようなものです（小島先生の論文「近現代日本の『教育の中立性』」比較憲法学研究第二十六号［比較憲法学会、二〇一四年］を参照しました）。

教育の中立性とは要するに、公教育（特に義務教育）の不偏不党性（宗教や政治からの中立性）をいう。

ただし、次世代の国民を養成する目的をもって国家が強制的に教育を行うのが公教育である以上、中立といっても当然ながら絶対的価値中立を意味するものではない。中立には幅がある。


としたうえで先生は、国家法学者牧野英一先生の「時計の振子」論を引用しながら、こう言います。


中立性の幅は「時計の振子」のように保守的にも進歩的にも動くものだが、一定の限度を超えて振子を動かしたり、固定してしまったりして、「時計を壊してしまう」ことをしてはいけない。

教育への国の関与は必然的に国民の私的領域である教育の自由と関わる。また、過去、特に戦前の一時期、教育が戦争遂行に利用されたこともあった。

だから教育の中立性は、過去の歴史的教訓や、国民の教育の自由や、現実の状況などを踏まえながら、時代時代でうまくバランスがとれるよう具体的に判断することが必要だ。

牧野先生流に一言で言えば、要はその時代の世間の常識で受け入れられるような教育が中立性の基準になる、ということです。

そのうえで教育権の所在の問題についても、この観点から見ることになります。

そもそも公教育である以上、国が教育内容に関与するのは当然だが、その際にも内容を絶対化・固定化してはならない。歴史の教訓や、国民の教育の自由や、時代の要請などの諸要素を踏まえながら、教育内容を決めることが求められる。

なお、教育の中立性をめぐっては他にも、愛国心教育、宗教教育、道徳教育、教育行政の組織や運営などいろいろな問題があるということです。これらの点については、皆さんそれぞれで考えてみてください。

十　勤労の権利と労働三権

勤労の義務

日本国憲法は、勤労の権利と労働三権を定めています。この定めは、司令部草案をそのまま日本政府案に取り入れたものです。

ただ、帝国議会衆議院での審議で、司令部草案にも政府案にもなかった勤労の義務が、修正で新たに加えられました。

この修正提案は、社会党その他二党から出されました。ドイツのワイマール憲法に倣ったものとされます。この義務の性質は強制徴用のようなものではなく、道徳的義務としたいというのが提案者の考えでした。

この修正提案には他党からも特に反対はなく、衆議院と貴族院の両院で可決成立し、日本国憲法の定めとなりました。

勤労の権利

この権利の性質については、政府説明では必ずしもはっきりしていなかったようです。ただ、勤労の権利については先の松本案にも定めがあり、その際に、国家ができるだけ国民に勤労の機会を与える趣旨の考え方が提示されていました。

そもそも、雇う際に労働者を自由に選べる使用者（経営側）と、雇ってもらって賃金をもらわないと生活できない労働者とでは、労働者のほうが弱い立場なのは明らかです。

そこで国が、法律とか、施設や手当などいろいろな手立てを講じて弱い立場の労働者を守ることとしたのです。

ただ近年、経済のグローバル化による国際競争力を維持するためとして、労働者を守るためのいろいろな規制緩和の傾向が現われています。労働者側にとっては、つらい立場を強いられています。

ここで、労働三権の出番です。

労働三権

労働三権とは、団結権、団体交渉権、争議権のことです。

労働者が弱い立場なのは、個人一人ひとりが経営側組織と契約交渉するからです。ならば労働者が団結したらどうか。こうすれば、労働者も経営側と対等の立場になります。

労働者が組合を作って労働力を一手に独占管理する。その労働力独占団体が窓口一本となって経営側と労働力の値段（賃金）などの労働条件について契約交渉する。経営側が難色を示したら、「では、皆働きません」とストをする。

経営側は商品を作ったり、サービスを提供したりするのに労働力を欠かせません。今時は機械化も進んでいますが、人間の労働力を完全に不要にはできません。ストをされると困ります。第一、会社の信用は落ち、銀行融資に差し障りが出るかもしれません。組合の言うことも聞いてなんとか丸く収めようか、となるでしょう。

こうして労働者側は、国に頼らずとも自分たちの力で働く環境を守るのが可能となります。

ただし労働三権は、労働者が経営側といたずらに喧嘩するために認められたものではありません。

経営側も従業員・労働者の利益だけでなく、株主や債権者、顧客・消費者さらには社会一般の利益など様々な利益を背負っています。

政府は帝国議会貴族院特別委員会で、労働三権も憲法十二条にいう共同の利益に沿って行使すべきだと答弁しています。

もちろんこのことは、経営側の営業の自由や財産権行使にも同じように言えます。

つまり、労働三権を認めた憲法の願いは、基本的に労使共に協調を期待するところにあるのだと思います。

十一　黙秘権と起訴便宜主義

刑事手続における人権の定め

日本国憲法は刑事手続について、適正な手続の保障を始めとする人権を定めています。

司令部は、日本の戦前の警察で人権を侵す不適切な取調べが行われた弊害を取り除こうと考え、司令部草案に被疑者などの人権を守る詳しい定めを置きました。

その定めは、日本側の立案担当だった佐藤達夫が憲法の定めとしては細かすぎると思ったほどでしたが、ほとんどそのまま日本政府案に取り入れられました。

その定めの一つに、何人も自己に不利益な供述を強要されないというものがあります。

この定めを受けて、刑事手続の細かな実施法律である刑事訴訟法が、被疑者や被告人の供述拒否権、いわゆる黙秘権を定めています。

黙秘権の意義

ちなみに被疑者とは、俗に言う警察への任意同行での重要参考人や逮捕後の容疑者といった人のことです。そして、この被疑者が検察庁に送られて裁判所に起訴されると、被告人となります。

なお、被告人のことを俗に「被告」と呼ぶようですが、被告とは民事事件の裁判で原告から訴えられた人のことで、厳密には「被告人」とは違うものです。

さて、では黙秘権は何のためにあるのでしょうか？　私が昔、ある優秀な刑事訴訟法学者の先生から聞いたことを記憶する限りでお話しようと思います。


ある日、まったく身に憶えのない犯罪の疑いをかけられて警察に逮捕され、取調べを受けることになったとする。

たいていの人は気が動転して、自分が無関係なのを分かってもらおうと必死になってあれこれ説明する。ところが、これは最悪の対応だ。

刑事らは中立の第三者ではない。犯人を挙げるのが仕事だ。彼らはあらかじめ犯罪の筋立てをしたうえで「コイツが犯人に違いない」との確信を抱いてあなたを攻めてくる。「何もやってないなら話せるよね」とカマを掛け、あの手この手で話を聞きだそうとする。

「やっていない」というこちらの主張はハナからウソという前提で始まるので、こちらが話したことは、ことごとく相手の都合の良いようにとられる。

無実を証明しようとして話せば話すほど、話したことは逆に犯罪やその動機を裏付ける不利な供述にとられてしまう。反対に、筋立てに合わない説明はウソととられる。そうして、コイツだ、コイツが犯人で決まりだ！　ということになる。

こうなってしまうと、裁判で後からひっくり返すのは大変だ。

相手はプロ、こっちは素人で勝負にならない。こっちもプロを連れてくるしかない。そのために、弁護士に依頼する権利が認められている。

「弁護士と相談してから話す。それまでは黙秘する」と、黙秘権はこういうときに使う。

まず弁護士に事情を説明し、彼の立てる戦術に従って、今、何を、どこまで、どのように話すかなどのアドバイスをもらってから取調べに応じる。その間に弁護士は、あなたの無実を証明するために奔走してくれるはずだ。

しかし敵もさる者、弁護士にはなかなか会わせようとはしない。あの手この手で妨害しようとする。これは根競べだ。最初が肝心だ。弁護士に会うまではメゲるな。メゲたら負けだ。


というようなお話でした。

西洋型刑事手続制度

ここで想定されている制度の基本スタイルは、こう説明されています。

一方の警察（刑事）・検察（検事）は、罪を裁く裁判所の裁判官（判事）や裁判員のような中立の第三者とは違う。彼らは捜査権を使って被疑者・被告人の罪を暴こうと攻撃して来る訴追者だ。ゲームで言うと、彼らは裁判官などのアンパイア（審判）ではなく、対戦相手のプレーヤー（攻撃側）である。

これに対し、防御側に立つもう一方のプレーヤーである被疑者・被告人には、防御の道具として黙秘権や弁護人依頼権などの権利が提供される。

そして、ゲームの勝敗を判定するのが裁判官や裁判員である。

以上を一言で言うと、捜査権を持つ訴追者とそれに対抗して権利を持つ被疑者・被告人の両プレーヤーが、アンパイアのいるコート上で闘う西洋型の刑事手続制度が、ここでは想定されています。

ところが、その同じ刑事手続制度の中に、刑事訴訟法はもう一つの制度を組み込んでいます。それが次にお話する起訴便宜主義です。

「鬼面仏心」

起訴便宜主義とは、本来裁判にかけるべき犯罪であっても、担当検事の裁量で起訴しないことが認められている制度のことを言います。

どういう場合に起訴しないかは、刑事訴訟法（二四八条）によると、犯人の性格、年齢や境遇とか犯罪の軽重や情状とか犯罪後の情況から見て裁判にかける必要がないとき、とされています。

この制度は西洋法にはない、戦前の刑事手続から認められる日本特有の制度とされます。制度の導入に至った元々の意図は、こうでした。


犯罪はもちろん容赦なく摘発し、罪を犯した人を厳罰に処する。しかし、犯人や犯罪や犯罪後の事情によっては改悛の見込みがあり、この後まっとうに暮らせる見込みがあれば、処罰よりも説諭して解放し、後は警察の見守りに委ねる。そのほうが、闇雲に罰するよりも刑事政策上有効だし、何よりも本来の良民をいたずらに前科者にするのも防げる。

この制度の肝である、罪を犯した人を裁判所に送らずにリリースするかしないかの分岐点は、当人に改悛の見込みがあるかどうかです。この判断は、担当の検事さん一人に委ねられています。

つまり、ここでの検事は単なる訴追者にとどまらず、保護者の役割も担っています。この検事の役割のことを、未成年者保護法学者の森田明先生は、仏教用語から引いて、「鬼面仏心」と表現しています。

この制度を戦後の刑事訴訟法も継承したのです。ちなみに森田先生によれば、戦前の少年法も、同じ考え方で作られていたそうです。

西洋型と日本型の統合

西洋型刑事手続は、憲法で定める適正手続・個人の人権を基礎に成り立つ制度です。これに対し起訴便宜主義のような日本型刑事手続は、「人間関係における人間的要素」

を中心に成り立つ制度です。

憲法は、人権も他者との「共通善」に則って行使しなさいとしているように、個人の人権と「人間関係」との両立を排除しません。ですから、起訴便宜主義のような手続制度も、憲法は否定していないと見てよいでしょう。

そうすると問題は、西洋型と日本型の両刑事手続制度をどう統合させるかにありま す。この主戦場は、実は少年法の領域なのですが、一般刑事訴訟法の領域でも、まだま だ課題が残されているようです。

第六話 統治制度

一 分権か集権か

三権分立制

日本国憲法は、国会や内閣や裁判所といった国の統治制度のあり方を定めています。日本国憲法の統治制度はどのようなものかというと、三権分立制と説明されます。

では、そもそもの制度の成り立ちはどうだったのか、ここで振り返ってみるとしましょう。

国会が最高機関

初め日本政府に示された司令部草案の統治制度は、一院制の国会を国権の最高機関とする議院内閣制でした。

第一に、貴族院の廃止に伴い、国会は衆議院だけの一院制でよいとされました。その理由は要するに、こんな小さな国に二院も要らないというものでした。

第二に、少なくとも憲法の条文上、内閣が国会を解散させることができるのは、国会が内閣を信任しない例外的な場合に限定され、現在のようにそれ以外の理由で内閣が国会を解散させることは認められていませんでした。

また、裁判所に新たに認める法令等の違憲審査権についても、最高裁判所が下した違憲判決を、国民の人権に関わる場合を除き、国会が再審で覆すことができるという条文がありました。

それゆえ文字どおり国会は憲法上、内閣や裁判所よりも上に立つ「国権の最高機関」でした（ちなみに司令部は、天皇よりも上と考えたようです）。

第三に、議院内閣制です。議院内閣制とは、内閣（政府）が国会の信任で成立・存続するもので、いわゆる政党内閣です。米国政府から送られたスウィンク228の提言によるものでした。

このように見ると、司令部草案での日本の統治制度は、国民の代表である一院制国会を中心にした集権的なものだったと言えます。

三権同格

ところが司令部草案の統治制度は、日本案化されたとき、日本側で大きく変えられました。

まず、国会は衆議院と参議院の両院制（二院制）となりました。明治憲法での貴族院と衆議院の両院制に倣い、第二院が第一院をチェックする「チェック・アンド・バランス」（権力分立）の考えによるものでした。次にお話する三権分立と同じ考えです。これは松本国務大臣の強い思いによるものでした。

次に、内閣の国会（衆議院）解散権に関して、その行使は国会が内閣を不信任した場合に限る趣旨の文言が司令部草案の条文から削られました。その結果、内閣は必要なら国会（衆議院）をいつでも解散させることができるようになりました。そしてこれが現在の日本国憲法の運用となっています。いわゆる「七条解散」と称されるものです。

ただし文言を削ったのは、わざとではありませんでした。司令部草案の日本案化を担当した内閣法制局第一部長の佐藤達夫を始め日本側では、草案が解散権の行使を限定しているとはまったく思っていなかったからです。

さらに、最高裁判所の違憲判決を国会が再審で覆せるとする条文も削られました。削られた理由は、裁判所と国会が同格の三権分立に反するというものでした。

そもそも三権分立制とは、立法（議会）、行政（政府）、司法（裁判所）の三権がお互いに対立・牽制し合うもので、米国の統治制度がその典型です。

そのためか民政局次長のケーディス大佐ら米国人の司令部側も、日本側の持ち出した三権分立の理由に反論しませんでした。

つまり佐藤たちは、米国と同じような同格の三権分立制を頭に描いて司令部草案の統治制度を作り直したのでした。

そして日本政府は議会で、こう説明しました。

条文に明記されている国会の「最高機関」とは、三権分立の趣旨から見て、内閣や裁判所に対して法的に上に立つ意味ではない。単に政治的な意義で述べたものに過ぎない。

後に憲法学説の通説になる、政治的美称説です。憲法学者の西修先生によれば、この「最高機関」はケーディスのアイデアだったそうですが、あっけなく無視されてしまったというわけです。

そしてその結果として、議院内閣制も三権分立における国会と内閣との牽制の一つと理解されることになりました。

佐藤は、元々明治憲法でも天皇の下で三権分立制度がとられていると理解していました。そして今回、天皇が主権者でなくなって三権分立がより徹底されることになったと考えたのです。

つまり佐藤としては、明治憲法時代の統治制度をリニューアルしたつもりだったのです。では、明治憲法時代の統治制度はどうだったのかを見てみましょう。

二　明治憲法の統治制度

「超然主義」の破綻

明治二十二（一八八九）年制定の大日本帝国憲法（明治憲法）は、伊藤博文によって作られました。

この憲法は、天皇が統治権（主権）者として、その下に議会（立法）・政府（行政）・裁判所（司法）の三機関を置くものでした。このとき司法の独立が保障されました。そもそも司法の独立は、明治の早くに木戸孝允が憲法構想に取り入れて以来、当然とされていたものです。

そして、議会（政党）と政府との間では、両者の分立が強調されました。行政が一党一派に偏ってはならないという考えによるものでした。いわゆる「超然主義」です。

実は伊藤は、憲法を作る前の調査で渡欧した際、ウィーン大学のローレンツ・フォン・シュタイン教授から憲法の教えを受けていました。その一つが、議会（立法府）と政府（行政府）の役割でした。それは社会の階級対立を念頭に置くものでした。

人民の代表から成る議会には社会の階級対立が反映される。これに対して公共性を求められる政府は、社会の階級対立を反映する議会から直接影響を受けず、自立性（公平中立性）を保つべきだ。これがシュタイン教授の教えでした。

伊藤は、この考えを自分なりに消化し、発展させたのでした。なお、このあたりの事情については、瀧井一博先生が『明治国家をつくった人びと』（講談社現代新書、二〇一三年）や『伊藤博文』（中公新書、二〇一〇年）などで紹介するところです。

ところが、いざ立憲政治を始めてみると、反政府民党中心の議会と政府はしばしば対立し、政権運営の大きな障害となりました。

政府提出の法律案や予算案に議会が賛成しなければ、政府は仕事ができません。政府（内閣）は「超然」と構えてはいられなかったのです。

伊藤はついに、議会（衆議院）の多数党が中心となって内閣を組織する政党内閣の結成を決意します。その結果が明治三十一（一八九八）年、憲政党の大隈重信と板垣退助によるいわゆる隈板内閣《わいはんないかく》の成立でした。

この先例が、大正期から昭和初期にかけて一時ではありましたが、本格的政党内閣（憲政の常道）へとつながったのです。

伊藤の政党内閣構想

伊藤の考えていた政党内閣とは、こうでした。

そもそも議会と行政府とは役割が違う。それだから両機関は分立し、それぞれ役割を分担している。

議会は衆議・衆論の府である。これに対し、行政府は人材（賢人）・良識の府であり、国民のために行政を公平中立に行う義務を負う。

そして政党の役割は、政権を取ることと、そのために人材をプールする場となることである。

しかし、いったん政権与党となって行政府を任されれば、議会の多数派・少数派にこだわらず公平中立に政権を運営すべきである。

対する野党も是々非々の態度で時に批判し、時に協力しつつ政権与党に向き合うべきである。いたずらに解散に追い込むことのみをめざし、政権をたびたび代えるのは国民にとってマイナスとなる。

政権与党も野党も、党利党略よりも国民の利益全体を優先すべきである。そのために両者の調和が必要である。

そして総選挙の時期が来れば、お互い堂々と政権をかけて争う。

政党がそれらの役割を果たすためには、何よりも党首のリーダーシップと党議拘束が欠かせない。(7)

憲法の正統解釈

佐藤の理解とは違い、明治憲法の注釈書として第五話で紹介した『憲法義解』には、立法と行政はそもそも三権分立主義によるものではないと述べられていました。伊藤の「正統的継承者」とされる国家法学者美濃部達吉先生は、この意味を次のように発展させました。

明治憲法では、立法（議会）・行政（政府）・司法（裁判所）の三権が最高機関である天皇の下で統括されている。この意味は、立法と行政とが三権分立主義のように「相対立」するものではなく、「相交渉」することを示すものである。ただし、司法については法だけに従うものとして、その独立（分立）が保障される。

つまり美濃部先生によれば、立法と行政の関係は、伊藤の考えた「分立と調和」です。そしてこれが、立憲政治の本道である政党内閣制の基礎になるものです。この観点から先生は、日本国憲法の統治制度について、こう言いました。

今回、国民の代表である国会が「国権の最高機関」となった。その結果国会（立法）は、内閣（行政）と裁判所（司法）よりも上に立つことになった。そのことが議院内閣制の採用に現れている。

ただし、天皇（内閣）には国会召集権と衆議院解散権があり、裁判所には違憲立法審査権が認められた点で、国会は制限のついた最高機関である。

美濃部先生の説明は、天皇に代わり国会が統治機関の上位とはなるものの、立法府と行政府との調和を前提にして各機関が分立するというものです。その点では、司令部草案が示した議院内閣制とは少し違いがあるように思います。

三　未完のままの政治部門

三つの問題点

司令部草案が日本案に直されて日本国憲法となったとき、政治部門にいくつかの問題を残しました。

第一に、両院制（二院制）です。日本側は、第二院である参議院について任命議員の外、地域代表、職能代表を選べる選挙を考えていました。

ところが、司令部が参議院も衆議院と同じ国民代表でなければ「絶対ダメだ」と強く求めたために、日本側の考えは実現しませんでした。

その結果、衆議院のカーボン・コピーと皮肉られるような参議院ができる元となりました。

ただ、司令部草案が日本側に手渡された後（昭和二十一年二月二十二日）、松本国務大臣が、司令部側のホイットニー民政局長に、参議院について例えば府県会議員などが投票人となる間接選挙(8)は可能かと聞きました。

するとその際、ホイットニーは「それが人民の代表とすれば、さしつかえなかろう」と答えたとされます。

この意味は、司令部草案（一院制）の定めの変更で可能だということです。だとすれば、参議院に地域代表的性格をつけることができたかもしれません。

もっとも、ホイットニーの答えに松本は半信半疑で、このことは実現しませんでした。

さらに、参議院に対する衆議院の優越の定めも、司令部のアイデアを借りるなどして駆け足で貼り紙修正されていきました。深く検討する時間はありませんでした（もっとも司令部のアイデアは、これまた日本自由党［現在の自民党］案のパクリでしたが）。

その結果、こちらのほうでは「強い参議院」の問題——衆議院と与野党の数が逆転した参議院の反対で重要法案や予算が成立困難になり、政治が停滞する問題——が頭を悩ませることとなっています。

要するに、両院制はいまだ未完成のままなのです。なお、第二話でも触れたように両院の役割を違ったものにしたいならば、選挙制度の方式だけでなく、衆議院の優越を強化するために、参議院の権能を今より弱める憲法改正が必要でしょう。

第二に、内閣の衆議院解散権です。解散権を内閣不信任の場合に限定されないように条文が整えられた点です。見方によれば内閣の力を強めることで、国会と内閣の分立を強調したともいえます。

政党政治において党利党略は、伊藤によっても強く戒められたはずでした。でも、解散理由の制限のない解散権が、その後皮肉にも、特に政権与党側の党利党略に活用される結果になっています。いわゆる「解散権乱用」の問題です。

第三に、議院内閣制と三権分立制との関係がよく理解されなかったせいかもしれませんが、分立が強調されるあまり、国会の役割が、あたかも米国の三権分立制議会と同じように、立法を本来の仕事とするかのような「無頓着な議論」が行われるようになっています。

これらの問題については、政治学者の加藤秀治郎先生他編『議会政治　第三版』（慈学社出版、二〇一五年）や同先生著『日本の統治システムと選挙制度の改革』（一藝社、二〇一三年）などを参照すると良いと思います。

四　裁判所の違憲審査権

司令部草案

裁判所の違憲法令等審査権については、一でちょっと触れたように、司令部草案では少し違っていました。

そこには、判決が国民の人権に関わらない場合については国会の再審（議員全員の三分の二の議決）で破棄できるとありました。

草案作成スタッフの間で、司法府の寡頭制（少数支配）の危険が指摘されたからだとされています。

かつて君主専制国家の時代には、人権は国家の専横から個人を守る権利でしたが、民主制が徹底してくると、人権は国民多数派の横暴から少数者を守る権利として意識されるようになりました（この点についてはケルゼン先生の『民主主義の本質と価値』参照)。

そうすると裁判所は、民主政治の多数派から少数者の人権を守る最後の砦の役割を持つことになります。

ですから、国民(少数派の個人)の人権を侵害する法令等を憲法判断する場合に、裁判所の判断(判決)を最終のものとしても、納得できるでしょう。

しかし、それ以外のおもに政策に関わる事案について、国民代表たる議会で決めた法令等が合憲か違憲かを裁判所が最終的に判断することには慎重であるべきです。

なぜなら、選挙によって国民の負託を受けない裁判官が最終的判断を下して国民多数をそれに従わせるのは、司令部スタッフが危惧したように、もはや民主制ではなく、少数者の独裁的支配に陥る危険があるからです。

司法権の独立が、かつて明治憲法下で軍部独走を許すことになった統帥権の独立と同じような弊害を起こすようになっては問題です。

かつて米国でも、国民から支持を受けたフランクリン・ローズベルト大統領が恐慌から抜け出すため、ニューディール政策を打ち出し、それまでの経済的自由放任主義政策を転換して国民を救いましたが、これに対し最高裁判所が違憲判決を下したことがありました。

時代に応じて憲法解釈を変える必要がある場合に、国民の負託を受けた立法や行政の政治部門が新しい憲法解釈による政策を実行した。この場合、裁判所は、憲法制定者である国民に最終的判断（選挙による政権・政策選択）を委ねてもよかったと思います。司令部草案が裁判所の違憲審査手続を人権に関わる場合とそうでない場合とに分けたのは、その分け方が適当かはともかく、以上のような配慮が背景にあったのだと思います。

米国型違憲審査制

司令部草案にあった国会の再審手続のくだりは、一で触れたとおり、日本側との完全徹夜の日米合同検討会議の中であっさりと削られました。

繰り返しになりますが、日本側の佐藤らのほうから、三権分立の見地から見て、憲法問題の最終決定権は裁判所にあるべきではないかと進言したからです。

この点については草案作成時、司令部内でも論争があったらしく、佐藤らの進言どおり裁判所に全面的な最終的違憲審査権が認められることになりました。これが現行の日本国憲法（八十一条）です。

もっとも、新しい制度ということもあって、この時点で日本側には、裁判所が具体的な訴訟事件を扱う際に生じた憲法問題に限って違憲審査をするのか（米国型か）、それとも具体的事件と関係なしに一般的に違憲審査ができるのか（オーストリアの憲法裁判所型か）、どちらの型なのかについてまで定まった考えはなかったようです。

具体的訴訟事件が起きた場合だけ（最高）裁判所は違憲審査権を行使するという、米国型違憲審査制に固まったのは、帝国議会開会頃（六月）のようです。その根拠は、ここでもやはり三権分立制の考え方でした。

金森大臣の議会答弁によれば、裁判所が具体的事件の範囲内に限って法律などを違憲とするのであれば、立法機関を破壊してしまうことはないだろうという理由によるものでした。

憲法裁判所構想

具体的事件が提起されなければ法律などの違憲判断ができないという点を問題視する立場の人から、憲法裁判所設置構想が提案されたりしています。憲法改正を前提とする案です。

ちなみに、この憲法の当時の議会審議でも佐々木惣一委員から、八十一条を憲法裁判所と見るべきではないかとの意見が出されていました。当人が質疑ではないと断っていたので、政府答弁はありませんでしたが。

法令の審査では、国民の選挙による民主的な支持基盤のない裁判所が、選挙で国民の負託を受けた民主制部門（国会・内閣）の行うべき政治（政策）判断に否応なく介入せざるを得ません。

その点を考えると、民主制部門との間合いを慎重に計りながら人権救済の実績を積み上げてきたこれまでの裁判所の努力には、見るべきものがあると思います。

この努力を基にすれば、現行憲法の枠内でも、例えば法律で最高裁判所に法令などの憲法審査機能を一定程度認めようとする提言など、まだまだ工夫の余地があるように思います。

第七話 地方自治

一 地方自治の定めの成り立ち

司令部草案三か条

昭和二十一（一九四六）年二月、日本側に手渡された司令部草案には、地方制度の定めも三か条ありました。

一つ目は、府県知事、市長や町村長、地方議会議員などを住民の直接普通選挙で選ぶというものでした。

二つ目は、地方の公の仕事を住民が行い、また、自前で立法を行う権利（条例制定権）を持つとするものでした。

三つ目は、一地方に適用される法律を国会が作るときは、あらかじめ、その地方住民の投票で同意を得なさいというものでした。

佐藤の修正

これら三つは、日本国憲法にも定められています。ただし、日本国憲法では、これらの条文の前に一か条付け加えられています。それは、地方自治制度は地方自治の本旨に基づいて法律で定めよというものです。

この条文は、内閣法制局第一部長佐藤達夫が司令部草案を日本案化するときに新しくつけ加えたものです。

「地方自治の本旨」とは、佐藤によれば団体自治と住民自治、つまり「地方住民に身近な公同の事務は、これらの住民の意思に基づき、その構成する組織を通じて自主的に処理」することです。フィンランド、オーストリアやユーゴスラビア憲法などが佐藤の頭の中にあったようです。

また佐藤は、司令部草案の章のタイトルにはなかった「自治」を加え、タイトルを「地方自治」と修正しました。

先に第一話で登場した完全徹夜の日米合同検討会議のとき、どちらの修正にも司令部側は文句をつけませんでした。

実は佐藤は、この他に、もっと大きな修正を二つしていました。

その一は、司令部草案で書かれていた府県、市、町などの具体的な言葉を「地方公共団体」の一語にまとめたことです。例えば郡の復活などをするときに、いちいち憲法改正をするのでは窮屈だからです。

なお、後のことですが、この修正の結果、もう少し深い解釈ができることを佐藤は気づきます。この点は最後にお話しします。

その二は、地方公共団体の長や議会議員などの住民選挙から「直接」の文字を削ったことです。

完全徹夜の合同検討会議で司令部側は、その一については文句をつけませんでした。でも、その二については、司令部側は駄目だしをしました。

日本の民主化の徹底を最大テーマとする司令部にとって、地方団体の長を住民の直接選挙（公選）で選ぶのは絶対に譲れないところでした。こうして「直接」の言葉が復活しました。

もっとも、合同検討会議では他の重要事項が目白押しで、憲法案の最後のほうに位置していた地方自治には十分な時間がとれませんでした。そのため、この「直接」文言復活劇は後に尾を引くことになりました。

知事公選制の日米攻防

内務省（現総務省）から、（都道）府県知事までも公選とするのは問題だとのクレームがついたのです。このクレームを受けて、佐藤ら日本側は司令部に条文の修正を申し入れました。相手はケーディス大佐です。

まず日本側は、都道府県単位の直接選挙では選挙費用がかかり過ぎて金持ちしか知事選に出られなくなるというのを修正理由として出しました。

これに対してケーディスは、費用を制限するとか公営選挙にすればよいではないかと軽くいなしてしまいました。

そこで日本側は、立候補者が多数出た場合に、全投票の十分の一かそこらで当選するのはまずいだろうと反論しました。そして、府県会議員などの議会で数人の候補者を選び、そのうちの一人を住民の選挙で決めたらどうかと提案しました。つまり、国レベルでいうならば議院内閣制に首相公選制をミックスしたような制度の提案でした。

すると、ケーディスは急に身を乗り出してきました。そして、それもいいが、先に住民の選挙をやって、誰も過半数に届かない場合に上位の者数名から府県議会が一人に決めるほうがもっと民主的だと逆提案してきました。

この方法なら、長の直接選挙の定めのままでもできるというのです。というわけで、日本側の修正の申入れはあえなく却下されてしまいました。

しかしながら自治体の長の公選については、その後帝国議会への憲法案提出前に行われた枢密院審議で、美濃部達吉顧問官からも次のような趣旨の指摘がありました。

それは要するに、国は首相を国会で選ぶ議院内閣制、地方は住民が直接選ぶ大統領制というのは制度としてアンバランスではないか、というものでした。この点は佐藤も後に指摘しています。

ともかくも連合国がめざしたのは、戦前地方自治制度をベースにしつつ、それを一層民主化することでした。ここから司令部は、府県知事らを住民が直接公選することを日本側に求めたのです。この点は極東委員会も強く求めていたので、司令部としても、なおさら譲れない一線でした。

日本側はその要求を受け入れ、府県自治の強化を初め地方自治制度全体の自治権を強める更なる改革を行いました。その結果、昭和二十二（一九四七）年四月十七日、地方自治法が定められ、公布されました。

改革の結果

さかのぼること明治の初め、明治新政府メンバーたちがこぞって中央集権化に没頭している中で、ただ一人地方自治に心を砕いていたのは、維新の功労者木戸孝允だったとされます。

彼は、国の基本が町村自治にあるとして町村自治を、また、衰退しつつある地方が結局は国を弱めるとの危機感から府県自治を、政府高官たちに説き続けました。

しかし木戸の死後、必ずしも木戸の遺志が十分に受け継がれたとは言い切れなかったように思います。

その点では、日本国憲法における地方自治改革は、むしろ木戸の理念により近いものだったかもしれません。

ただ、これらの改革が日本の近代国家の枠組みに十分に溶け込めるものだったかどうか、必ずしも十分検討されたとは言い切れないのではないか、急ぎ仕事の無理が、ここにも現われているように思います。そのことは次の佐藤の提言にもにじみでています。

二　地方自治制度の道しるべ

憲法立案者佐藤の提言

佐藤は戦後、憲法の地方自治の定めについて、いくつか提言をしています。三点だけ挙げると、次のようです（出典は、佐藤達夫「憲法第八章覚書」自治庁記念論文編集部編『地方自治論文集』〔財団法人地方財務協会、一九五四年〕）。

まず佐藤は、「地方自治の本旨」に関してこう言います。

憲法の定める地方公共団体は、連邦国の州とは違い「国あっての地方公共団体」だから、国家的利害からくる制約を免れない。

それゆえ、無条件に地方公共団体の権能を増加することが憲法の趣旨に適合し、いやしくもそれを減少し弱化することが一切憲法に違反すると即断はできない。要は「地方的民主主義と国家的民主主義との調和点」の発見こそが重要である。

そのうえで佐藤は、国の行政事務についても地方分権の主義によって、地方住民の意思の参与ないし反映の下に行われるような期待を含ませたかったと言っています。

次に佐藤は、司令部草案にあった府県、市、町などの具体的な言葉を一括して「地方公共団体」にまとめた点について、こう言います。

この憲法の地方自治の定めは、実質的に公共団体の働きをする地方団体をすべて必ず法律で自治体と定めるほどの積極的な意味を持ってはいない。

当時の帝国議会貴族院特別委員会での金森徳次郎国務大臣の発言を引用しつつ、佐藤はそう考えているようです。

ズバリ言ってしまうと、憲法は、府県も必ず自治体たるべしとは要求していないということです。ここから佐藤は、「知事の直接選挙制を廃止することは憲法上必ずしも不可能ではない」と論ずる余地が出てくると指摘します。

さらに佐藤は、地方自治体の長公選（直接選挙）制について、立法論と断ったうえで、次のように言います。

中央政府で議院内閣制をとることとのバランスから、ここまで憲法で固定すべきではない（ちなみに、佐藤のこの指摘は、先の美濃部枢密顧問官の指摘と共通するものです）。

これら憲法立案者本人の提言は、日本の国の枠組全体に合う地方自治制度を考える際の道しるべの一つとなるように思います。

あとがき

これまで日本国憲法の成り立ちに触れながら、憲法について私なりにお話してきました。

日本国憲法は日本敗戦後の占領中に急ごしらえで作られたために、内容、手続ともに課題を残しています。

でも民主・自由・平和という憲法の骨組そのものは、基本的には前の明治憲法体制の骨組を強化するものと言えます。

また象徴天皇制度も、歴史を冷静に振り返れば日本の伝統を壊すものではなかったとされています。

日本国憲法が戦後国民の間に定着しているのは、そのためでもあると思われます。

ただ、憲法が持つ内容の不十分さや手続の不備という宿題については、自主憲法制定か憲法改正（全部改正ないし一部改正）かの方法の如何は別にしても、なんらかの解決が求められているように思います。

今までお話してきたことは、すべて先達の書などに負っていますが、文献をいちいち紹介することは割愛させていただきました（一部お話の中で出典を紹介したものもあります）。

一応、最小限度の文献を、次に挙げておきます。

平成二十九（二〇一七）年八月

参考文献

日本国憲法史と明治憲法史の全体をカバーするものとして、三点だけ掲げておきます。

日本国憲法史

一　『憲法調査会報告書付属文書第二号　憲法制定の経過に関する小委員会報告書』（憲法調査会、一九六四年）

二　佐藤達夫『日本国憲法成立史　第一巻』（有斐閣、一九六二年）
佐藤達夫『日本国憲法成立史　第二巻』（有斐閣、一九六四年）
佐藤達夫、佐藤功補訂『日本国憲法成立史　第三巻』（有斐閣、一九九四年）
佐藤達夫、佐藤功補訂『日本国憲法成立史　第四巻』（有斐閣、一九九四年）

明治憲法史

一

稲田正次『明治憲法成立史　上巻』(有斐閣、一九六〇年)

稲田正次『明治憲法成立史　下巻』(有斐閣、一九六二年)

新書籍版へのあとがき

本書は以前に電子書籍出版したものを、今回改めて書籍出版するものです。出版に当たり誤字を直した外、補注を少しだけ付け加えましたが、内容は前書と変わりありません。

内容については別の観点から再度お話をしたいと思っていますが、それはまた他の機会に譲ることとします。

お話中の出典紹介文献を一覧にまとめ、以下に補注と併せて掲げておきます。

令和元（二〇一九）年十一月

補注

（1）近衛文麿の名は一般に「ふみまろ」と呼ばれますが、特に戦前の書籍などで「あやまろ」と書かれたものがあります。

（2）国民主権の概念はまた、「国民の自由にとって不可欠な『法の支配』という原理を破壊」する（政治哲学者中川八洋《やつひろ》先生）と言われます。

日本国憲法の成立過程では、法の支配の原理は特に意識されていませんでした。後にこの原理を日本国憲法に持ち込んだのは、憲法学者の伊藤正己先生だったように思います。

法の支配の「法」とは元々は英国の一般慣習法とされますが、米国憲法にもこの原理が受け入れられたことから、「憲法の支配」とも呼ばれます。自由・権利のうちの代表例は、法の公正さを求める「適正手続条項」です。日本国憲法三十一条も同じ趣旨に理解されるようになっています。

原理の成り立ちから見れば、この原理における法は議会制定法（法律）に優位することになり、この「法の発見」が裁判所の役割となります。最高裁判所の判例にも時々「社会通念に従って判断すべき」などの文が見られますが、これも法の支配の原理に由来する表現と見ることができます。

しかしながら、フランス人権宣言由来の国民主権は国民＝人の支配のことですから、法の支配の原理とは真っ向からぶつかります。二つの概念は「両立できない」のです。ケルゼンやポパーも示唆するように、国民主権は民主制の理論構成上の産物ないしフィクション（例文）ですし、特に我が国の憲法では天皇主権論を退けるために使われたもので、既に歴史的役割を終えています。要するに正面から民主制（政府を国民が選ぶこと）を掲げれば足ることです。

その上で、法の支配を民主制（政府）の脱線や暴走を抑える原理として働かせることになります。この原理を扱う主役は司法権（裁判所）ですが、その使い方は第六話の四でお話するところです。

その際の裁判所の心構えについて、法哲学者の井上茂先生は、「法律家の任務は法秩序の維持だ。だから裁判所は時代の先頭を走る必要はないし、また、走るべきでもない。しかし逆に、旧を固守するのも間違いだ。裁判所は時代に遅れず、時代と共に歩んでいく存在であるべきだ」と言いました。

守旧でも革新でもなく、裁判所は「漸進主義」（保守の精神）に立って任務を果たす存在たるべしとの趣旨です。これは、保守の観点に基づくとされる法の支配の原理に沿う発言と言えます。

（3）すなわちフェラーズの言う、天皇を「生ける象徴」そのものとするということです。

（4）明治憲法制定前の明治十九（一八八六）年初め頃の皇室典範当初案（「皇室制規」）では、男系が絶えたときは女系で皇位を継承する旨及び皇女も継承者となる旨の定めがありました。

（5）投票価値の平等は「徹底した人格平等の原則」（「数」化）に基づくものです。中川八洋先生によれば、このように人間が質ではなく「数」＝個（アトム）に変換されることで、人々が属し、その中で育つ「中間組織」（地域社会や家族など）が弱体化、解体されていくと言われます。

ロバート・ニスベットやアラスデア・マッキンタイアらが指摘するように、この「中間組織」は人の徳義心（正義感、思慮深さ、勇気、節制、誠実さ、寛容さ、協調性、思いやりの心など）を育む源泉地ですが、この徳義心が無いと、一でお話した「共通善」の実践は難しいとされます。

投票価値の徹底的平等のみを基準とする選挙区割の変更は、「中間組織」（地域社会）の弱体化を招き、共通善の実践を支える徳義心を失わせていくことになるのでしょう。

（6）岩波文庫の『憲法義解』（一九四〇年）の奥付に「けんぽうぎげ」とありますが、井上毅関係文書を所蔵する國學院大學梧陰文庫に、当時「ぎかい」と読まれたと推測できる史料があるとのことです。

（7）少数野党の議事妨害について、ケルゼンは妨害を二つに分けます。その一は物理的妨害（直接間接の実力行使）で、これは正当性のない違法行為で論外とします。

その二は技術的妨害（長時間演説、記名投票要求、緊急動議提出など議事規則に違反しない形のもの）で、多数派の政権与党に妥協を促すためならば許されるが、審議や議決を不可能にするためなら制度の乱用で許されないとします。

（8）正確には準間接選挙（いわゆる複選）です。

お話中の出典紹介文献一覧

●第二話

長尾龍一・植田俊太郎訳、ハンス・ケルゼン『民主主義の本質と価値　他一篇』（岩波書店、二〇一五年）
雨倉敏広・荒邦啓介訳、カール・ポパー「民主制の理論について」加藤秀治郎・岩渕美克編『政治社会学』第五版（一藝社、二〇一三年）
荒邦啓介・雨倉敏広訳、カール・ポパー「民主制について――『開かれた社会とその敵』の再検討」加藤秀治郎・水戸克典編『議会政治』第三版（慈学社出版、二〇一五年）

●第三話

岡本嗣郎『終戦のエンペラー　陛下をお救いなさいまし』（集英社、二〇一三年）

鈴木昭典『日本国憲法を生んだ密室の九日間』（創元社、一九九五年）

●第四話

木庭宏（ホセ・オルテガ・イ・ガセット〔ガセト〕）『オルテガ　随想と翻訳』（松籟社、二〇〇九年）

●第五話

中山伊知郎・東畑精一訳、シュムペーター『資本主義・社会主義・民主主義』新装版（東洋経済新報社、一九九五年）
大野一訳、ヨーゼフ・シュンペーター『資本主義、社会主義、民主主義』Ⅱ（日経BP社、二〇一六年）
阿部美哉訳、ウィリアム・ウッダード『天皇と神道』（サイマル出版会、一九八八年）
池谷和子「個人の自由を尊重するのもいいですが、子どものことを忘れないで」『正論』二〇一六年三月号（産経新聞社）
小島伸之「近現代日本の『教育の中立性』」比較憲法学研究第二十六号（比較憲法学会、二〇一四年）

●第六話

瀧井一博『明治国家をつくった人びと』（講談社、二〇一三年）

瀧井一博『伊藤博文』（中央公論新社、二〇一〇年）

加藤秀治郎・水戸克典編『議会政治』第三版（慈学社出版、二〇一五年）

加藤秀治郎『日本の統治システムと選挙制度の改革』（一藝社、二〇一三年）

●第七話

佐藤達夫「憲法第八章覚書」自治庁記念論文編集部編『地方自治論文集』（財団法人地方財務協会、一九五四年）

［著者］
雨倉 敏広（あめくら・としひろ）

昭和23年（1948）、奈良市生まれ
東洋大学大学院法学研究科博士後期課程修了
博士（法学）、国制史家

誰《だれ》にでもわかる憲法《けんぽう》のお話《はなし》

発行日　2019年12月16日　第1刷発行
　　　　2020年　3月16日　第2刷発行

著者　雨倉敏広（あめくら・としひろ）

発行者　田辺修三

発行所　東洋出版株式会社
〒112-0014　東京都文京区関口1-23-6
電話　03-5261-1004（代）
振替　00110-2-175030
http://www.toyo-shuppan.com/

ISBN 978-4-8096-7960-5　定価はカバーに表示してあります